# APLASTAR EL TOC
# CUADERNO DE TRABAJO PARA NIÑOS

# APLASTAR EL TOC

## CUADERNO DE TRABAJO PARA NIÑOS

### 50 ACTIVIDADES DIVERTIDAS PARA SUPERAR EL TOC MEDIANTE LA TCC Y LAS EXPOSICIONES

## Natasha Daniels

ILUSTRACIONES DE RICHY K. CHANDLER

Desclée De Brouwer

Título de la edición original:
CRUSHING OCD WORKBOOK FOR KIDS
© Natasha Daniels, 2024

First published in Great Britain in 2024 by Jessica Kingsley
Publishers An imprint of John Murray Press
Jessica Kingsley Publishers
Carmelite House
50 Victoria Embankment
London EC4Y 0DZ
www.jkp.com

Front cover image source: Richy K. Chandler.

Traducción: Fernando Montesinos Pons

© EDITORIAL DESCLÉE DE BROUWER, S.A., 2026
   Henao, 6 - 48009 Bilbao
   www.edesclee.com
   info@edesclee.com



ISBN: 978-84-330-3294-2
Depósito Legal: BI-00074-2025
Impresión:Grafo S. A. - Basauri

*A mis tres hijos, Chloe, Xander y Alex,
que me han enseñado más sobre el modo
de ayudar a los niños que todos mis estudios.*

# CONTENIDOS

# INTRODUCCIÓN

## PARA LOS CUIDADORES

¡Criar a un niño con TOC puede ser todo un desafío! Puede ser difícil saber el modo de apoyar a tu hijo con estas luchas. Una de las mejores formas de ayudarle es darle herramientas para que se ayude *a sí mismo*.

Piensa en este cuaderno de trabajo como en una caja de herramientas. Voy a llenar la caja de herramientas del TOC de tu hijo con una habilidad, una actividad, cada vez. Al final de este cuaderno de trabajo, tu hijo dispondrá de una gama completa de herramientas para aplastar su TOC. Pero, como sucede con cualquier caja de herramientas, se necesita práctica para adquirir destreza en su uso. A medida que tu hijo vaya leyendo este libro, celebra los pequeños pasos que vaya dando. Los pequeños pasos conducen con el tiempo a grandes cambios.

Este libro está pensado para ser asimilado en orden secuencial. Las actividades se desarrollan unas sobre otras. Es útil que realices las actividades en el orden en que las presentamos y evites saltar de una a otra. Dependiendo de la edad de tu hijo, podéis hacer juntos el cuaderno de trabajo. Te recomiendo que te tomes tu tiempo para realizar las actividades y dejes espacio para practicar los conceptos a medida que vayan aprendiéndose.

Este cuaderno de trabajo se ha preparado únicamente con fines educativos y no pretende sustituir la orientación de un profesional cualificado. Lo ideal es que uses el cuaderno junto con un terapeuta de TOC infantil que practique la terapia EPR (exposición con prevención de respuesta). También es importante que crees tu propia caja de herramientas a fin de apoyar mejor a tu hijo. El TOC es un asunto de familia, y todos debemos conocer nuestra parte. Al final del libro he incluido recursos para los cuidadores, a fin de que dispongan de un apoyo continuo.

## PARA LOS TERAPEUTAS

Este cuaderno de trabajo ofrece un medio cómodo y eficaz de adquirir habilidades y conocimientos entre las sesiones de terapia. A medida que pases de la educación sobre el TOC al desarrollo de habilidades, encontrarás actividades que complementarán tu trabajo terapéutico y consolidarán los enfoques que enseñas en cada paso del camino.

# COMPRENDER EL TOC Y SUS MUCHOS DISFRACES

¿Sabes que tenemos más de 6.000 pensamientos al día? ¿Te lo imaginas? Son **muchos** pensamientos. Suelen entrar y salir de nuestra conciencia durante todo el día. Apenas nos damos cuenta de ninguno de ellos. Entran... y se filtran.

Sin embargo, cuando tienes TOC, los engranajes que filtran esos pensamientos se atascan. Los pensamientos que deberían pasar fácilmente por el filtro se atascan. Cuando esto ocurre, todo el sistema se confunde. Tu mente empieza a **advertir** esos pensamientos. Entonces comienza a **examinarlos**. Empieza a dar **significado** a pensamientos que deberían haberse filtrado sin más.

Lo peor es que cuando te centras en estos pensamientos, empiezan a aparecer **más**. Se llaman **pensamientos intrusivos** porque, como sucede con un intruso, no son deseados.

Todas las personas con TOC tienen el mismo problema de filtrado, pero los pensamientos que se atascan son diferentes en cada una de ellas.

El TOC es como el helado. Hay muchos sabores distintos, pero, a fin de cuentas, todos están fríos y todos se derriten. El TOC tiene muchos temas diferentes

(hablaremos de ello más adelante), pero se trata siempre del mismo problema: engranajes bloqueados y un filtro atascado.

¿Sabías que el TOC es bastante frecuente? De hecho, uno de cada 200 niños padece TOC —más o menos lo mismo que los niños con diabetes—. ¡Eso significa que es muy probable que conozcas a alguien con TOC y ni siquiera seas consciente de ello!

Aunque nadie quiere tener un filtro atascado, las personas con TOC suelen tener también algunos superpoderes bastante guays. Suelen ser grandes pensadoras; pueden advertir cosas que otras personas no ven. ¡Esto les ayuda a ser supercreativas y a tener talento para idear y crear cosas nuevas!

También suelen ser bondadosas y consideradas. Son conscientes de las emociones de la gente y pueden preocuparse profundamente por los demás. ¡Son habilidades muy poderosas!

Así que el objetivo es ayudar a desatascar tu filtro para que puedas tener esos increíbles superpoderes sin tener que luchar contra el TOC.

Antes de aprender a aplastar el TOC y desatascar ese filtro, ¡empecemos por celebrar tus superpoderes!

# CELEBREMOS PRIMERO TUS SUPERPODERES

Vamos a dedicar **mucho** tiempo a aprender el modo de aplastar tu TOC, pero antes de sumergirnos en ello, ¡es importante celebrar las partes de ti que son increíbles! ¡Averigüemos cuáles son las tuyas!

## INSTRUCCIONES

Piensa qué tipo de superpoderes tienes. Puede tratarse de cualquier cosa, desde habilidades como la construcción de Lego hasta rasgos de personalidad como ser considerado o amable.

**CONSEJO EXTRA**

¿No estás seguro de cuáles son tus superpoderes? Haz una encuesta. ¡Pregunta a las personas que mejor te conocen cuáles creen que pueden ser tus cualidades asombrosas!

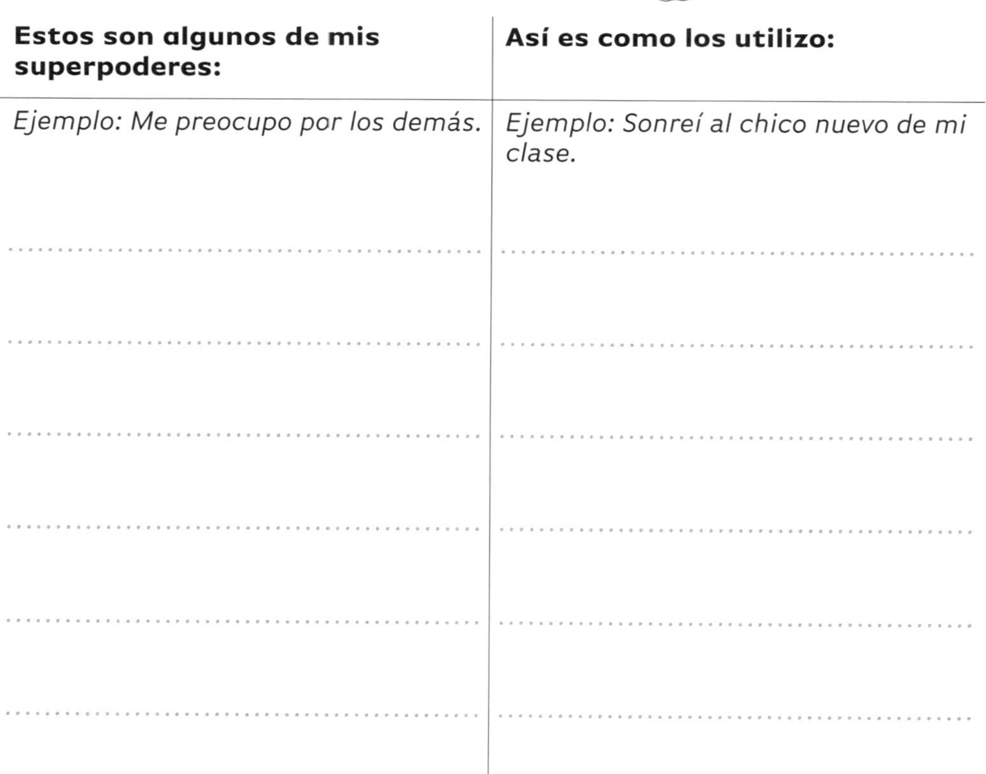

| Estos son algunos de mis superpoderes: | Así es como los utilizo: |
| --- | --- |
| *Ejemplo: Me preocupo por los demás.* | *Ejemplo: Sonreí al chico nuevo de mi clase.* |
| | |
| | |
| | |
| | |
| | |

# ¿Qué está atascando tu filtro en este momento?

Hablemos de qué pensamientos intrusivos del TOC están atascando tu filtro en este momento. Recuerda que los pensamientos del TOC cambian con el tiempo, así que esto no es más que una instantánea de lo que sucede últimamente.

## INSTRUCCIONES

Piensa en los pensamientos intrusivos del TOC que se atascan con más frecuencia. Escríbelos a continuación.

> **CONSEJO EXTRA**
>
> A veces las personas tienen **sentimientos** —no pensamientos— atascados. He aquí algunos sentimientos de TOC que pueden atascarse:
>
> - sentirse asqueado
> - sentir que las cosas no están completas
> - sentir que las cosas no están «bien así»
> - prestar demasiada atención a la respiración, al parpadeo, a la deglución, a los latidos del corazón o la vejiga, etc.
>
> ¡Y a veces también se te puede quedar grabada una imagen o una canción!

> **HABLEMOS DE CIENCIA**
>
> Tu filtro es en realidad un complejo conjunto de circuitos en una parte de tu cerebro llamada ganglios basales.

# COMPRENDER TU MIEDO (O SENTIMIENTO) CENTRAL

Puedes tener un trillón de pensamientos o sentimientos intrusivos diferentes que se atascan en tu filtro. Pero, por lo general, solo tienes unos pocos miedos (o sentimientos) centrales. Eso significa que tu filtro se atasca en determinados pensamientos, pero todos ellos tienen miedos centrales similares.

Echemos un vistazo.

Estos son solo algunos ejemplos. Cada persona tendrá pensamientos y miedos centrales diferentes. Aunque tengas pensamientos similares a los que figuran a continuación, tu miedo central puede ser completamente distinto.

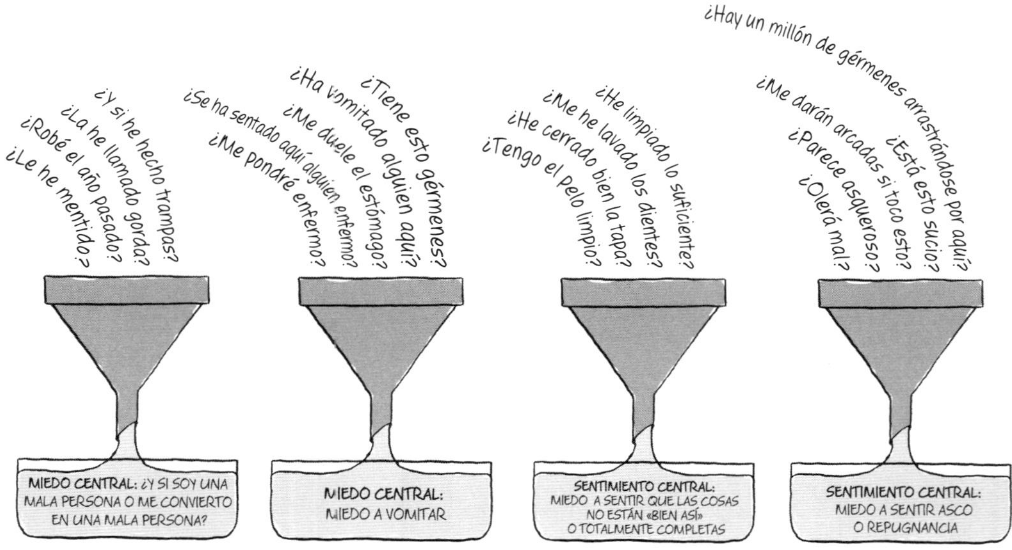


## INSTRUCCIONES

Ahora que entiendes que los pensamientos intrusivos pueden tener un miedo central, ¡descubramos cuál podría ser en tu caso! Escoge un pensamiento intrusivo y responde a las preguntas.

## CONSEJO EXTRA

La mayoría de las personas tienen unos cuantos miedos centrales, así que no pasa nada si tienes más de uno. Además, asegúrate de bajar hasta el fondo de la madriguera y sigue preguntando: «¿Qué es lo peor que puede pasar si...?» para asegurarte de que llegas al fondo del miedo central.

¿Cuál es uno de tus pensamientos intrusivos que se atasca?
Ejemplo: Ese objeto puede estar lleno de gérmenes.

¿Qué dice tu TOC que es lo peor que puede ocurrir por eso?
Ejemplo: Podría contaminarme con gérmenes si toco eso.

¿Qué es lo peor que te puede pasar por eso?
Ejemplo: Podría ponerme enfermo.

¿Qué es lo peor que te puede pasar por eso?
Ejemplo: Podría vomitar.

¿Cuál es el miedo principal?
Ejemplo: Miedo a vomitar.

# PRÁCTICA DE LA VIDA REAL

Presta atención a lo que te dicen tus pensamientos durante los próximos días. Saca una hoja de papel y anótalos. Haz este ejercicio cada vez que surja un pensamiento. Acuérdate de llegar hasta el final de la madriguera. Vuelve aquí y escribe tus miedos centrales más comunes.

Mis miedos centrales más comunes son:

**1.** ...............................................................................................

**2.** ...............................................................................................

**3.** ...............................................................................................

# ¿Cuáles son los sabores de tu TOC ahora mismo?

¿Has logrado descubrir algunos de tus miedos centrales? Los miedos centrales del TOC reciben a menudo el nombre de temas o subtipos del TOC. Es una forma elegante de expresar los distintos tipos de sabores del TOC con los que estás lidiando en ese momento. Recuerda que los sabores (temas del TOC) pueden cambiar con el paso del tiempo. El hecho de comprender los muchos disfraces que puede llevar el TOC puede resultar útil, aunque no lidies con algunos de estos temas. La mayoría de la gente solo tiene un puñado de temas en un momento dado.

## INSTRUCCIONES

He aquí algunos ejemplos de los temas más comunes del TOC. Lee cada descripción y marca la casilla si se parece a tu TOC. ¿No ves tu tema? ¡Rellena un recipiente vacío con tu tema del TOC!

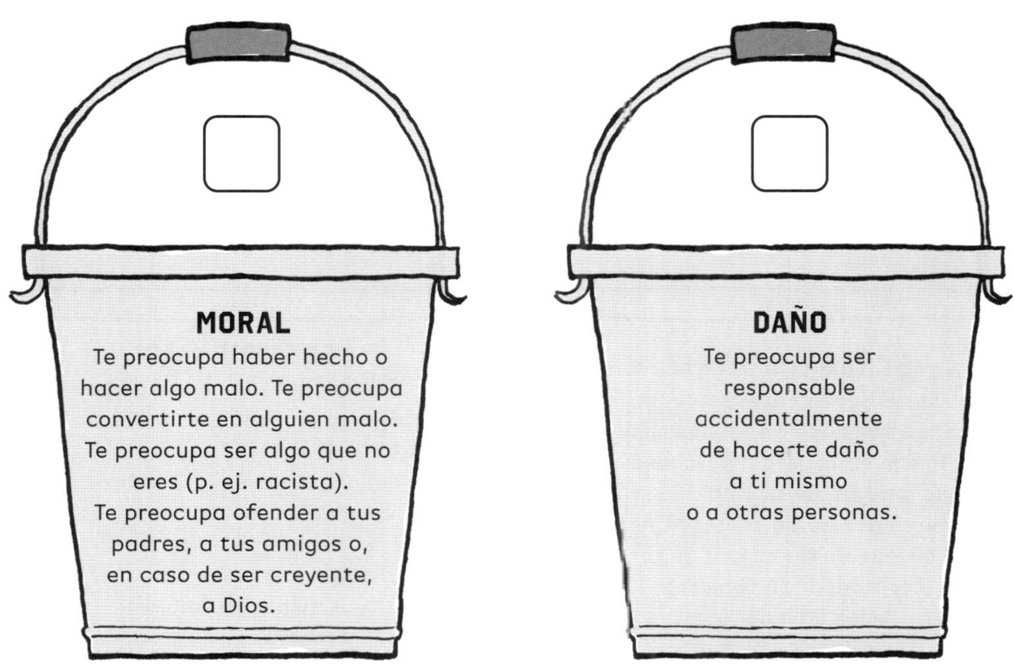

SIMETRÍA
Sientes que necesitas tener
la misma sensación en
ambos lados o que las
cosas guarden cierto
equilibrio o estén parejas.

CONTAMINACIÓN
Tienes miedo de que algo
(o alguien) tenga algo que
no te guste o te provoque
ansiedad o sentimientos
de asco. Por lo general,
esto puede extenderse a
otras cosas o personas,
que luego intentas
evitar.


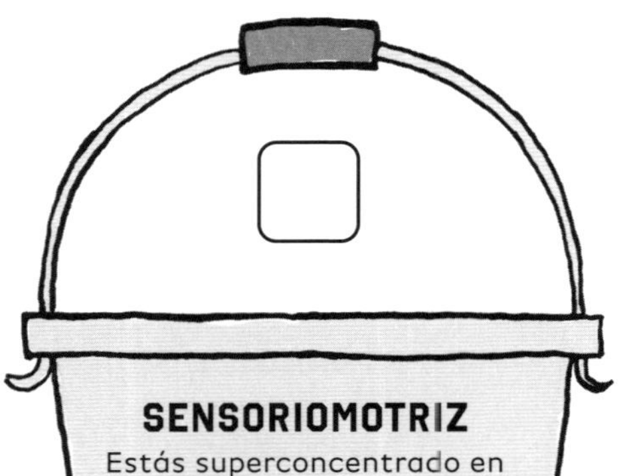


SENSORIOMOTRIZ
Estás superconcentrado en
algo que ocurre en tu cuerpo.
Puede tratarse del parpadeo
de los ojos, de tu respiración,
de tu necesidad de hacer pis
o caca, de los latidos de tu
corazón, de tu deglución
o de cualquier otra
sensación corporal.


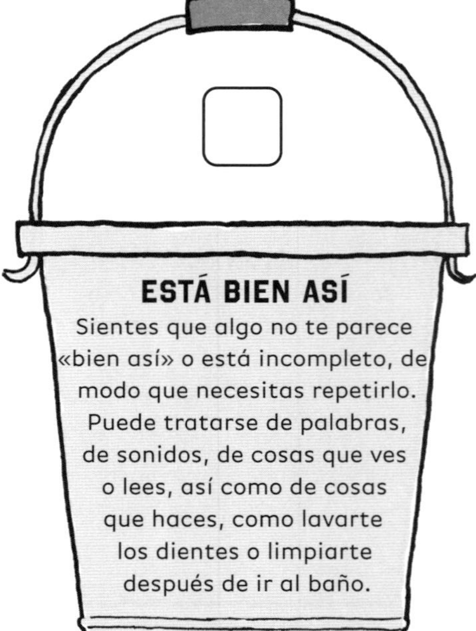


ESTÁ BIEN ASÍ
Sientes que algo no te parece
«bien así» o está incompleto, de
modo que necesitas repetirlo.
Puede tratarse de palabras,
de sonidos, de cosas que ves
o lees, así como de cosas
que haces, como lavarte
los dientes o limpiarte
después de ir al baño.

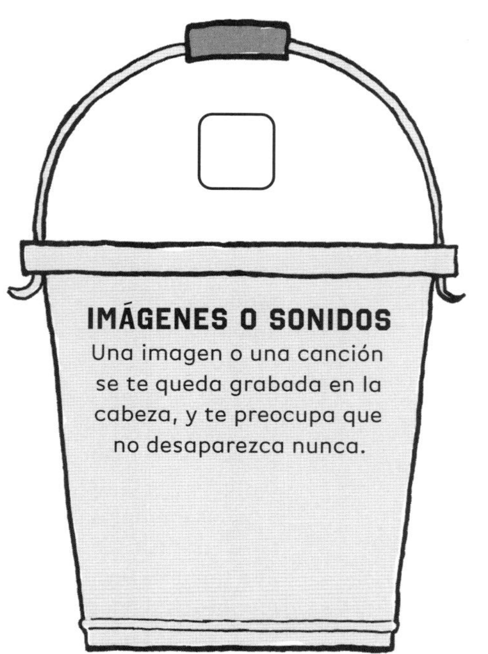

IMÁGENES O SONIDOS
Una imagen o una canción se te queda grabada en la cabeza, y te preocupa que no desaparezca nunca.

EXISTENCIAL
Esta es una gran palabra para grandes preguntas. Te preocupan montones de cosas, como: ¿Cuál es el propósito de la vida? ¿Y si no somos reales? ¿Cómo podemos ser tan pequeños en un universo tan grande?

# ¡PONGÁMOSLE UN NOMBRE AL TOC!

Ahora que conoces bien tus pensamientos intrusivos, tus miedos centrales e incluso tus principales temas del TOC, vamos a simplificar las cosas. Démosle un nombre al TOC. Poner nombre a tu TOC tiene efectos poderosos.

En primer lugar, te recuerda que **tú no eres tu TOC**. Es un problema de filtrado. Cuando le pones un nombre a tu TOC, lo separas de lo que realmente eres. De hecho, aquello que más se atasca en tu filtro suelen ser cosas totalmente opuestas a lo que eres o a lo que crees.

En segundo lugar, ¡lo hace más divertido! El TOC es duro, y cuando nos burlamos y le damos un nombre tonto, recuperas tu poder. ¡Hay adolescentes y adultos que también ponen nombre a su TOC!

> **CONSEJO EXTRA**
>
> ¿Necesitas algo de inspiración? Piensa en un nombre gracioso, en un nombre relacionado con tus temas del TOC o en uno relacionado con un personaje que no te guste. He aquí algunos ejemplos: ¡Sr. T (por TOC), Bob (ponerle un nombre real puede ser divertido), Sr. Duda, Sra. Germen, Sra. EstáBienAsí, Sr. OhNo.

Para que esta idea quede clara, a partir de ahora llamaremos al TOC **Sr. T** en este cuaderno de trabajo.

## INSTRUCCIONES

Dibuja en el recuadro cómo será tu TOC y ponle un nombre.

## PRÁCTICA DE LA VIDA REAL

Diles a tus padres cómo se llama tu TOC. En vez de utilizar «TOC», usa el nuevo nombre. Por ejemplo, puedes decir: «El Sr. T me está molestando ahora mismo».

MI NOMBRE ES:

# CÓMO SE ALIMENTA EL SR. T (COMPULSIONES)

El Sr. T (así es como llamaremos al TOC de ahora en adelante) crece cuando lo «alimentas». Primero, el Sr. T te da un pensamiento o sentimiento intrusivo. Luego te exige que hagas o evites algo para aliviar ese pensamiento o sentimiento. El problema es que... cuanto más haces o evitas, ¡más crece el Sr. T!

Estas cosas que haces (o evitas) reciben el nombre de compulsiones. Cuando haces compulsiones, creas un bucle que hace crecer con el tiempo más pensamientos intrusivos y vuelve al Sr. T aún más grande.

# INSTRUCCIONES

Las compulsiones (la comida del Sr. T) pueden ser muchas cosas. El primer paso para reducir al Sr. T es averiguar qué haces para alimentarlo.

Aunque todas las personas con TOC tienen un bucle de TOC en el que se atascan, los bucles de cada persona son diferentes. ¡Veamos cómo funciona uno de tus bucles!

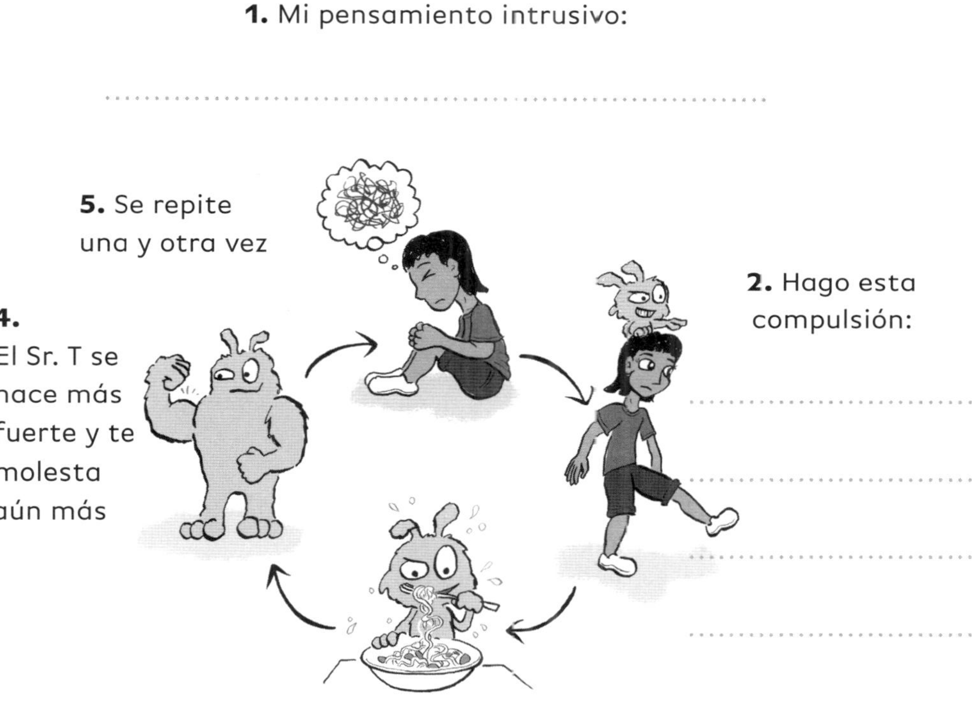

## HABLEMOS DE CIENCIA

Estamos utilizando al Sr. T y la comida como metáfora, pero hay una ciencia real detrás de todo esto. Cuando haces compulsiones, estás haciendo crecer en tu cerebro las vías neuronales que fortalecen el TOC.

# LO QUE EL SR. T TE DICE QUE HAGAS (COMPULSIONES FÍSICAS)

Es importante comprender las muchas formas en que el Sr. T conseguirá que lo alimentes. Puede ser muy astuto e intentar todo tipo de formas creativas para lograr que lo hagas. Hablemos de algunas de las muchas formas en que el Sr. T puede engatusarte para que lo alimentes. Entre ellas se encuentran las siguientes:

- lavar
- comprobar
- hacer preguntas
- contar
- dar golpecitos
- investigar
- exagerar algo
- hacer algo de cierta manera
- hacer algo repetidamente
- decir algo de cierta manera
- confesar

**CONSEJO EXTRA**
Una compulsión puede ser cualquier cosa. Así que recuerda: si haces algo (o lo evitas) para aliviar algún pensamiento o sentimiento intrusivo, lo más probable es que se trate de una compulsión que alimenta al Sr. T.

Estos son solo algunos comportamientos (llamados compulsiones físicas) que hacen crecer al Sr. T. Sin embargo, hay una gran compulsión que la gente suele pasar por alto... ¡la evitación! El Sr. T suele ser mandón, pero a veces te dirá que evites algo. He aquí algunos ejemplos de cómo el Sr. T puede utilizar la evitación como compulsión:

- evitar objetos, personas o lugares
- evitar decir ciertas palabras
- evitar sentarse en determinados lugares
- evitar llevar cierta ropa
- evitar comer ciertos alimentos

## INSTRUCCIONES

Vamos a averiguar cuándo estás alimentando al Sr. T. En la primera columna, escribe tus pensamientos o sentimientos intrusivos más habituales. Sé todo lo preciso que puedas. En la segunda columna, escribe todas las cosas que haces o evitas (compulsiones) para hacer desaparecer esos pensamientos intrusivos.

| **Pensamientos/sentimientos intrusivos:** | **Compulsiones que hago cuando tengo ese pensamiento/ sentimiento:** |
|---|---|

# LO QUE EL SR. T TE DICE QUE PIENSES (COMPULSIONES MENTALES)

El Sr. T puede cambiar la forma en que consigue que le alimentes. Puede hacer que hagas cosas, que preguntes cosas o que evites cosas. Pero también puede hacer que **pienses** cosas. Se trata de un movimiento astuto, porque nadie más se dará cuenta de lo que está ocurriendo. Por eso es tan importante que te des cuenta de que solo tú tienes el poder de aplastar al Sr. T y hacerle más pequeño. Tú eres la única persona que sabe todo lo que el Sr. T te hace hacer (o evitar) para que crezca.

Las compulsiones mentales son cosas que el Sr. T quiere que hagas en tu cabeza. Muchos niños no se dan cuenta de que esos juegos mentales que hacen para el Sr. T son compulsiones que le harán crecer tan rápido como las compulsiones físicas.

He aquí algunos ejemplos de cómo pueden ser las compulsiones mentales:

- discutir y debatir con el TOC
- intentar demostrar que el TOC está equivocado
- contar mentalmente
- decir ciertas frases
- intentar «deshacer» un mal pensamiento:
  - rezando
  - diciendo una frase determinada
  - borrándolo mentalmente
- hacer juegos mentales como sumar o contar letras o números.

## INSTRUCCIONES

Averigüemos si estás alimentando al Sr. T con compulsiones mentales. En la primera columna, escribe tus pensamientos o sentimientos intrusivos más habituales. Sé todo lo preciso que puedas. En la segunda columna, escribe las cosas que podrías hacer en tu mente para hacer desaparecer esos pensamientos intrusivos.

**CONSEJO EXTRA**

Una compulsión mental puede ser cualquier cosa. Así que recuerda, si la haces para aliviar un pensamiento o un sentimiento intrusivo, lo más probable es que se trate de una compulsión mental que alimenta al Sr. T.

No todo el mundo tendrá compulsiones físicas y mentales, pero es bueno ser consciente de cuáles son por si aparecen. El Sr. T no sigue las reglas y cambia de táctica a menudo. Así que, ¡cuanto más sepas sobre sus movimientos, mejor podrás superarlos!

## Pensamientos/sentimientos intrusivos:

## Compulsiones mentales que hago después de ese pensamiento:

# LO QUE EL SR T. LE DICE A TU FAMILIA QUE HAGA (ACOMODACIONES)

¡El Sr. T no es tonto! Sabe que le alimentarán más a menudo si involucra a las personas que te quieren y se preocupan por ti. También sabe que a los miembros de la familia puede resultarles muy difícil no ceder ante el Sr. T.

Cuando tu familia te ayuda a completar un bucle del TOC, se llama acomodación. Las acomodaciones son cosas que tus seres queridos hacen para ayudarte a completar tu bucle. A menudo, el Sr. T. hará que regañes, ruegues y molestes a tu familia para que haga las cosas que este exige.

Veamos algunos ejemplos de acomodaciones que hacen crecer al Sr. T:

- responder a preguntas tranquilizadoras
- responder a confesiones con palabras tranquilizadoras
- responder a preguntas repetidas sobre tu salud
- responder a preguntas repetidas sobre el hecho de que enfermes
- responder a preguntas sobre alimentos, fechas de caducidad y seguridad
- responder de la forma que el Sr. T quiere que respondan
- repetir cosas para el Sr. T
- hacer cosas que el Sr. T no te deja hacer
- ayudarte a llevar a cabo una compulsión
- tocar cosas por ti
- seguir las normas específicas que exige el Sr. T.
- lavar o limpiar cosas por ti
- evitar ciertas palabras, lugares o cosas

¡Son solo unos pocos!

## INSTRUCCIONES

Averigüemos qué hacen los seres queridos para acomodar y hacer crecer al Sr. T. En la primera columna, escribe tus pensamientos o sentimientos intrusivos más habituales. Sé todo lo preciso que puedas. En la segunda columna, escribe todas las cosas que el Sr. T quiere que hagan tus seres queridos.

**CONSEJO EXTRA**

Una acomodación puede ser cualquier cosa. Así que recuerda, si tu familia hace algo porque el Sr. T lo exige, lo más probable es que sea una acomodación del TOC.

| Pensamientos/sentimientos intrusivos: | Acomodaciones que el Sr. T quiere que hagan los demás: |
| --- | --- |
| | |

## PRÁCTICA DE LA VIDA REAL

Durante la próxima semana, presta atención a las cosas que el
Sr. T te dice que hagas, que evites o que haga hacer a los demás.
Vuelve a las listas anteriores y añade las cosas nuevas que observes.

# EL SR. T TE ROBA ESTAS COSAS (VALORES)

El Sr. T no solo resulta molesto. Puede robarte tiempo e intentar arruinar cosas que te gustan. Puede ser útil analizar qué cosas quieres recuperar del TOC.

He aquí algunas de las cosas que el Sr. T puede robarte:

- **Tiempo**: El Sr. T puede quitarte tiempo de tu vida cuando podrías estar haciendo otra cosa.
- **Autoestima**: El Sr. T puede hacer que te sientas mal contigo mismo.
- **Actividades**: El Sr. T puede dificultar la realización de actividades que te gustan.
- **Vida social**: El Sr. T puede dificultar que te relaciones con tus amigos.
- **Familia**: El Sr. T puede provocar discusiones con las personas que te importan.
- **Concentración**: El Sr. T puede dificultar que te centres en otra cosa que no sea él.
- **Pertenencias**: El Sr. T puede tomar los objetos, juguetes y artículos que te gustan y dificultar su uso.

Estos son solo algunos ejemplos. ¡Exploremos lo que el Sr. T te quita y tú quieres recuperar!

## INSTRUCCIONES

Emplea la lista anterior a modo de guía para pensar qué cosas te está quitando el Sr. T. Escribe las cosas que quieres recuperar del TOC mientras aprendes a aplastarlo y hacerlo superpequeño. Piensa también por qué te importan esas cosas y anótalo.

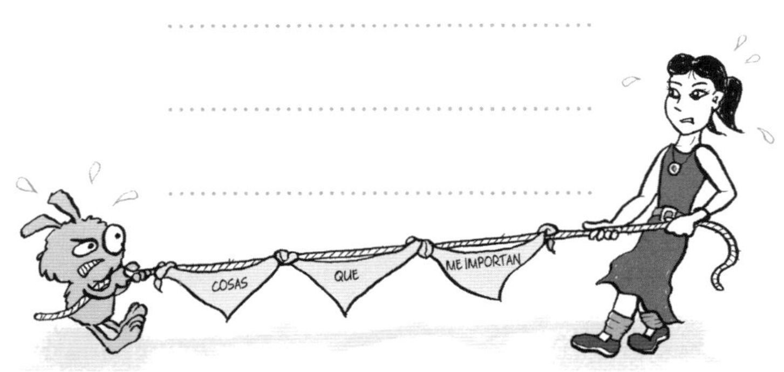

# HABLEMOS DEL SR. T

Una parte importante del proceso de aplastar al Sr. T es poder hablar de él. ¡Al Sr. T se le da muy bien sabotear esto! Aquí descubrirás las muchas formas en que el Sr. T puede dificultar que hablemos del TOC. También idearás un plan para hablar de él sin alimentarlo.

# ¡NO HABLAMOS DEL SR. T!

Lo primero que hace el Sr. T es dificultar que hables del TOC con otras personas. Si no puedes hablar de él, ¡no puedes idear un plan para reducirlo! ¡Cambiemos eso!

He aquí algunas razones por las que el Sr. T podría decirte que no hables del TOC con nadie:

- Es embarazoso.
- Te sientes raro.
- Te sientes diferente.
- Crees que si lo saben te harán enfrentarte a tus miedos.
- Crees que no te entenderán.
- Crees que eres la única persona que tiene estos pensamientos.
- Crees que si hablas del TOC, empeorará.

¡Ahora te toca a ti!

## INSTRUCCIONES

Escribe algunas de las razones por las que te sientes incómodo hablando del Sr. T.

## PRÁCTICA DE LA VIDA REAL

¿Sabías que un montón de gente famosa tiene TOC? ¡Es cierto! Pide a un cuidador que te ayude a hacer una búsqueda en Internet sobre personas famosas con TOC. ¡A ver si hay alguien que conozcas!

# VENCER AL SR. T EN SU PROPIO TERRENO

En la última actividad, has enumerado todas las razones por las que el Sr. T hace que te resulte difícil hablar del TOC. ¡Descubramos las razones por las que esas cosas no son ciertas!

## INSTRUCCIONES

En la primera columna, escribe las razones que has enumerado en la Actividad 11. En la segunda columna, enumera las razones por las que no son ciertas.

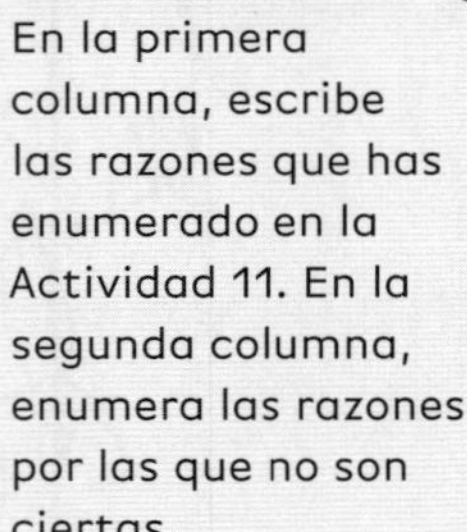

**CONSEJO EXTRA**

En la primera columna, escribe las razones que has enumerado en la Actividad 11. En la segunda columna, enumera las razones por las que no son ciertas.

| El Sr. T me dice que no hable del TOC porque: | No debería escucharle porque: |
| --- | --- |
| | |
| | |
| | |
| | |
| | |
| | |
| | |

# CÓMO HABLAMOS DEL SR. T

Puede ser útil idear un plan sobre cómo hablarás del Sr. T. Cuando lo hagas, el Sr. T tendrá menos posibilidades de mantenerte callado.

## INSTRUCCIONES
Rellena tus respuestas a continuación.

Hemos decidido ponerle este nombre al TOC:

> **CONSEJO EXTRA**
> Puede que el Sr. T quiera que mantengas tu TOC en la más absoluta intimidad. Está bien tener intimidad y no contárselo a aquellos amigos o familiares a los que no ves a menudo, pero conviene que todas las personas con las que convives sepan al menos un poco sobre tu TOC. Al fin y al cabo, el TOC es un asunto de familia, y el Sr. T involucrará a todos los miembros de tu familia de un modo u otro.

Me siento cómodo hablando con estas personas sobre el TOC:

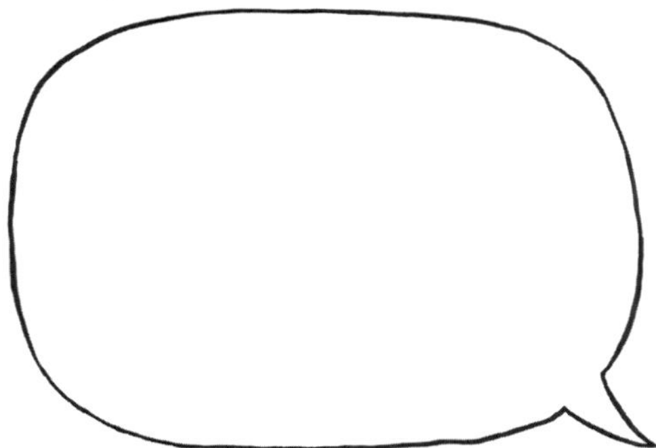

Prefiero que estas personas no sepan nada de mi TOC:

Cuando el Sr. T me molesta, mi cuidador puede decir:

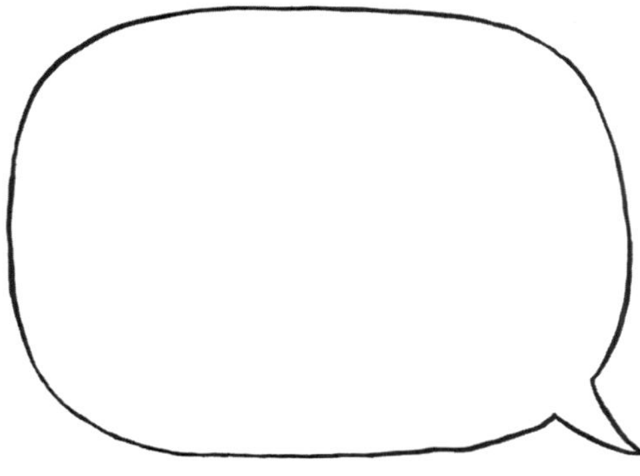

Prefiero que estas personas no conozcan estos temas/ preocupaciones particulares del TOC:

# CUANDO HABLAMOS DEL SR. T

Puede ser útil crear un plan sobre cuándo hablaréis del Sr. T. El Sr. T querrá hablar con las personas que te rodean para que lo alimenten. Asegúrate de que, cuando hables del TOC, sea por **ti** y no porque el Sr. T quiera tranquilizarse. Un buen modo de evitar que esto suceda es que sea tu cuidador quien decida cuándo hablar del Sr. T.

Evita planear hablar a una hora concreta cada día, ya que el Sr. T lo anotará en su calendario y lo convertirá en una sesión de compulsión.

## INSTRUCCIONES

Escribe tus respuestas a continuación.

Quiero que esta persona me consulte sobre mi TOC:

.................................................................

Me resultaría útil hablar ........... veces al día

o ........... veces a la semana sobre el Sr. T.

Estos son los momentos en general en los que estaría más abierto a hablar sobre el Sr. T. Rodea la respuesta o las respuestas:

| Por la mañana | Después del colegio | Los fines de semana | Por la tarde | Antes de acostarme |

Estas son las cosas de las que me gustaría hablar:

.................................................................

.................................................................

Mi cuidador será quien saque el tema de conversación. Si no quiero hablar de ello en ese momento, diré:

.................................................................

En caso de querer hablar del TOC, preguntaré a mi cuidador si podemos hablar. Sabré que el Sr. T intenta alimentarse si este es el tipo de preguntas o temas de los que quiere hablar:

# SECCIÓN TRES
# DEFENSA

## QUÉ HACER CUANDO EL TOC LLAMA A TU PUERTA

**A**hora que ya sabes cómo te molesta el Sr. T y cómo consigue hacerse grande, ¡es hora de desarrollar tus habilidades *ninja*!

Hay dos formas de aplastar al Sr. T y ambas son igual de importantes.

En primer lugar, vas a jugar a la **defensiva**. Así es como **respondes** al Sr. T cuando llama a tu puerta. Esto es lo que haces cuando tienes pensamientos y sentimientos de TOC.

No puedes impedir que el Sr. T te transmita pensamientos y sentimientos perturbadores, pero puedes elegir lo que haces con ellos. Cada vez que el Sr. T quiera que hagas (o evites) algo, tú decides cuál ha de ser **tu** movimiento.

En esta sección repasaré los distintos y poderosos movimientos **defensivos** a los que puedes recurrir cuando el Sr. T llame a tu puerta.

¡Vamos allá!

# ¡Veo veo al Sr. T!

## NIVEL 1: ADVERTIR

Puedes pensar en estas herramientas defensivas como movimientos *ninja*. Algunos dan un fuerte puñetazo y otros bastan para hacer recular al Sr. T.

Hablaré de cada movimiento *ninja* por orden de potencia. Pero recuerda, cualquier movimiento *ninja* es mejor que ningún movimiento *ninja*.

El primer movimiento *ninja* básico es advertir cuándo el Sr. T quiere que hagas algo. A menudo, el TOC es tan astuto que convierte las compulsiones en un hábito. Puede que estés acostumbrado a darle al Sr. T lo que quiere para que desaparezca. No puedes conquistar algo si no sabes cuándo se acerca sigilosamente a ti.

En el nivel 1, advertirás cuándo se trata del Sr. T. Esto aumentará tu conciencia de qué cosas haces o evitas para que crezca el TOC. Este es un primer paso poderoso para hacer que el TOC se vuelva más pequeño.

### CONSEJO EXTRA

El Nivel 1 consiste simplemente en advertir las compulsiones, no en intentar resistirse a hacerlas.

## INSTRUCCIONES

Durante los próximos tres días, advierte los momentos en que el Sr. T quiere que tú (o las personas que te rodean) hagas o evites algo debido a los pensamientos y sentimientos del TOC. Anótalos en la siguiente tabla.

| Fecha: | Pensamiento/<br>sentimiento del TOC: | Compulsión del TOC: |
| --- | --- | --- |
| | | |
| | | |
| | | |
| | | |
| | | |
| | | |
| | | |
| | | |
| | | |
| | | |
| | | |
| | | |
| | | |
| **Fecha:** | **Pensamiento/<br>sentimiento del TOC:** | **Compulsión del TOC:** |
| | | |

# PUEDES ESPERAR, SR. T

## NIVEL 2: RETRASAR

Con el nivel 1 en tu haber, ¡estás cogiendo fuerza! Ahora, el siguiente movimiento *ninja*: retrasar. Puede que te resulte difícil no darle al Sr. T lo que quiere, ¡pero puedes hacerle esperar! El nivel 2, retrasar, te enseña a manejar los sentimientos incómodos que te provoca el TOC durante un período de tiempo.

He aquí algunos ejemplos de cómo podrías conseguir retrasar una compulsión:

- retrasar lavarte las manos
- retrasar el planteamiento de la pregunta tranquilizadora a tu ser querido
- retrasar la confesión de un pensamiento
- retrasar el recuento
- retrasar hacer algo uniforme o equilibrado
- retrasar rehacer algo
- retrasar la comprobación
- retrasar ese juego mental
- retrasar alejarte de algo o de alguien



¡Son solo algunos ejemplos!

## INSTRUCCIONES

¿Qué compulsiones crees que puedes retrasar? ¡Recuerda que cualquier pequeño paso es mejor que no dar ninguno! Escribe qué compulsiones intentarás retrasar durante la próxima semana. Elige una cantidad de tiempo específica para intentar retrasar la compulsión.

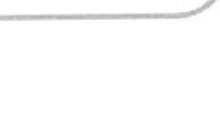

### HABLEMOS DE CIENCIA

En realidad, ¡retrasar tiene un impacto en los mecanismos internos de tu cerebro! Cuando retrasas ceder ante una compulsión, ralentizas el disparo de las vías neuronales. Piensa en ello como una parada de tráfico en medio de una autopista neuronal. Cuanto más a menudo lo hagas, más débiles se volverán esas vías neuronales.

| **Intentaré retrasar estas compulsiones:** | **Intentaré retrasarlas durante este tiempo:** |
| --- | --- |
| | |
| | |
| | |
| | |
| | |
| | |
| | |
| | |
| | |
| | |
| | |

## PRÁCTICA DE LA VIDA REAL

Si eres capaz de retrasar la compulsión durante el tiempo que te has propuesto, pregúntate si puedes retrasarla aún más.
¿Puedes fijarte cada día una puntuación mejor que intentarás superar?
¡Haz de esto una práctica continua!

# NO TE ESCUCHO, SR. T
## NIVEL 3: IGNORAR

Una habilidad *ninja* avanzada es el arte del nivel 3: ignorar al Sr. T. Cuando no escuchas al TOC y te resistes a ceder a las compulsiones, ¡lo haces más pequeño! Cuanto más te resistes, más se encoge.

He aquí algunos ejemplos de cómo podrías ignorar una compulsión:

- no pedir que te tranquilicen
- no lavarte las manos
- no repetir las cosas
- no comprobar
- no contar
- no evitar
- no equilibrar/igualar
- no debatir o discutir mentalmente con el TOC
- no decir frases concretas
- no exigir a los demás que hagan las cosas de un modo determinado

¡Son solo algunos ejemplos!

## INSTRUCCIONES

¿Qué compulsiones crees que puedes ignorar? ¡Recuerda que cualquier pequeño paso es mejor que no dar ninguno! Anota qué compulsiones vas a intentar ignorar. Puedes empezar con algo muy pequeño para ir calentando motores.

### HABLEMOS DE CIENCIA

Cuando ignoras el TOC, ¡estás teniendo un impacto en los mecanismos internos de tu cerebro! Cuando no cedes a una compulsión, no disparas esas vías neuronales. Piensa en una carretera que nadie usa. Cuanto más a menudo lo hagas, más pequeñas se volverán esas vías neuronales. Puedes convertir una autopista neuronal de seis carriles en una carretera rural llena de baches, debilitando el TOC.

........................................................

........................................................

........................................................

........................................................

## PRÁCTICA DE LA VIDA REAL

Si puedes ignorar las compulsiones que elegiste, ¡intenta mantener tu progreso ignorando permanentemente esas compulsiones! Cuanto más puedas resistir, más pequeño se volverá el Sr. T.

# ¿Qué tal esto, Sr. T?

## NIVEL 4: HACER LO CONTRARIO

Tu movimiento de defensa más poderoso es el nivel 4: hacer lo contrario. El TOC es mandón y exigente. Así que eres más poderoso cuando no te limitas a ignorar lo que dice, ¡sino cuando haces todo lo contrario! Se trata de un movimiento *ninja* fuerte y valiente.

No te preocupes. Aunque ahora te parezca imposible, toda tu práctica con los otros niveles *ninja* te permitirá desarrollar tus habilidades para este movimiento avanzado.

Hay algunos temas del TOC que pueden no tener un opuesto y no pasa nada. Harás movimientos aún más poderosos en la Sección 4, cuando hablemos del ataque.

Entonces, ¿cómo sería hacer lo contrario con algunos tipos de TOC? He aquí unos cuantos ejemplos de temas del TOC:

- Hacer que las cosas no parezcan guardar un equilibrio.
- Hacer que las cosas estén desordenadas o imperfectas a propósito.
- Tocar algo que el TOC dice que no se debe tocar.
- Decir algo que el TOC dice que no se debe decir.
- Hacer algo que el TOC dice que no se debe hacer.
- Decirle sarcásticamente al TOC que podrías ser lo que el TOC dice que llegarás a ser.
- Decirle sarcásticamente al TOC que podrías hacer lo que él dice que podrías hacer.

## INSTRUCCIONES

¿Qué compulsiones crees que tienen un opuesto que puedes hacer? Escribe algunas compulsiones y el opuesto que intentarás hacer durante la próxima semana. Intenta hacer lo contrario cada vez que sientas el impulso de hacer la compulsión. ¡Con el tiempo, te resultará más fácil!

| **Compulsión:** | **Comportamiento opuesto que haré:** |
| --- | --- |
| | |
| | |
| | |
| | |
| | |
| | |
| | |
| | |
| | |
| | |
| | |

## PRÁCTICA DE LA VIDA REAL

Si eres capaz de hacer lo contrario con algunas compulsiones,
intenta hacerlo de forma permanente. Cuanto más hagas
lo contrario de lo que quiere el TOC, ¡más pequeño se volverá!

# JUEGA AL JUEGO DEL TOC CON NIVELES

Ahora que ya conoces todos los niveles *ninja*, ¡vamos a hablar de cómo usarlos todos los días! Puedes hacerlo jugando al Juego del TOC. El Juego del TOC es sencillo:

1. El Sr. T llama a tu puerta.
2. Reconoces que se trata del Sr. T. (Nivel 1).
3. Ves lo que el Sr. T quiere que hagas o evites.
4. Eliges un nivel de movimiento *ninja* que puedas realizar en ese momento.
   - ¿Puedes retrasar la compulsión? (Nivel 2).
   - ¿Puedes ignorar la compulsión? (Nivel 3).
   - ¿Puedes hacer lo contrario de la compulsión? (Nivel 4).
5. ¡Realiza tu movimiento *ninja*!
6. ¿Has terminado o puedes continuar con un nivel *ninja* superior?

No siempre te sentirás con fuerzas para alcanzar el Nivel 3 o el 4, pero incluso con un Nivel 1 o 2 estás jugando al Juego del TOC. ¡Cualquier movimiento en la dirección correcta te ayudará! Cuando no te presentas y no juegas al Juego del TOC, el Sr. T gana automáticamente.

# INSTRUCCIONES

Crea un cómic en el que juegues al Juego del TOC. En el recuadro 1 dibuja
al Sr. T dándote una idea. En el recuadro 2, dibújate reconociendo que
se trata del Sr. T. En el recuadro 3, dibuja al Sr. T diciéndote lo que tienes
que hacer o evitar. En el recuadro 4, elige un nivel y dibújate haciéndolo.
En el recuadro 5, dibújate haciendo tu movimiento *ninja*. En el recuadro 6,
dibújate eligiendo otro movimiento *ninja*.

# RECORDAR TUS MOVIMIENTOS *ninja*

Los movimientos *ninja* son geniales, ¡pero solo si te acuerdas de hacerlos! El Sr. T es ruidoso, y sus exigencias pueden hacerte perder de vista todos los movimientos poderosos que estás aprendiendo. Para ayudarte con eso, vamos a encontrar formas de que te acuerdes de jugar al Juego del TOC a lo largo del día.

## INSTRUCCIONES

Puede ser útil recordarte a ti mismo tus niveles de TOC *ninja*. Piensa en lugares donde puedas poner recordatorios. ¿Cómo podría ser tu recordatorio? A continuación tienes un ejemplo. Coge un trozo de papel y crea tus propios recordatorios. Luego colócalos en lugares de tu casa que tengas al alcance de tu vista..

# OTROS LUCHADORES *ninja* PARA APOYARTE

No estás solo en esto. Tienes gente a tu alrededor que te quiere y te apoya. Pueden ayudarte con tus movimientos *ninja* de defensa y con el Juego del TOC. ¿Qué quieres que digan si te ven haciendo una compulsión que no les involucra? Vamos a dedicar toda una sección de este cuaderno de trabajo a hablar de cuando el Sr. T **sí** les involucra, así que nos saltaremos esa parte por ahora.

Tus seres queridos pueden ayudarte de muchos modos, entre ellos:

- advirtiendo que se trata de un TOC
- recordándote que elijas un nivel
- motivándote para que completes un nivel, ofreciéndote para ello puntos de valentía con los que puedas conseguir premios y privilegios
- dejando que te enfrentes a esto por ti mismo

Es útil que las personas que te rodean sepan cómo quieres que te apoyen.

## INSTRUCCIONES

Piensa en formas en las que quieres que respondan tus seres queridos cuando vean que el Sr. T te está molestando. Elige una de las opciones enumeradas anteriormente o inventa las tuyas propias. Tal vez quieras que distintas personas respondan de formas diferentes. Escribe todas las personas importantes que te rodean y el modo en que quieres que responda cada una de ellas.

## PRÁCTICA DE LA VIDA REAL

Celebra una reunión familiar o reúnete con cada persona a solas y háblales de este plan.

**Persona:**

**Cuando tenga problemas con el TOC, puedes ayudarme haciendo esto:**

**Persona:**

**Cuando tenga problemas con el TOC, puedes ayudarme haciendo esto:**

**Persona:**

**Cuando tenga problemas con el TOC, puedes ayudarme haciendo esto:**

# NO DEJES QUE EL SR. T ENGAÑE A TU DEFENSA

El Sr. T no se deja vencer fácilmente. De hecho, cogerá tus movimientos de defensa *ninja* e intentará hacer su contramovimiento. Pero puedes ir un paso por delante si eres consciente del tipo de cosas que podría hacer el Sr. T.

## INSTRUCCIONES

A continuación encontrarás algunas formas en las que el Sr. T puede intentar engañarte en el Juego del TOC. ¿De qué maneras crees que intentará detenerte el Sr. T? Cuando piensas en el modo en que el Sr. T intentará engañarte, irás un paso por delante y será menos probable que caigas en sus trucos.

- Te dirá que es demasiado difícil hacer cualquier nivel.
- Te convencerá de que realices la compulsión por si acaso.
- Te hará creer las cosas con respecto a las cuales le das la razón sarcásticamente cuando le contestas.
- Te dirá que no hay pasos pequeños que puedas dar.
- Querrá que te enfades con los demás cuando intenten ayudarte.

| El Sr. T podría tratar de engañarme haciendo estas cosas: | Yo le engañaré a él haciendo esto: |
|---|---|
| | |
| | |
| | |
| | |

# RePLiCaR aL SR. T.

El Sr. T quiere que hables con él. Quiere que discutas con él. Adora los buenos debates. Pero puedes vencerle con sus propias armas. Puedes hablar con el Sr. T, ¡pero no como él quiere! Si el Sr. T te dice algo que le molesta, puedes darle la razón sarcásticamente. Eso le hace girar la cabeza, ¡y no sabe qué hacer al respecto!

He aquí algunos ejemplos:

- Sí, Sr. T, ¡puede que me ponga enferma o no!
- Sí, puede que lo haga.
- Es verdad, puede que me convierta en eso.
- Nunca se sabe, ¡eso puede ocurrir o no!
- Tienes razón, puede que piense eso.
- Tienes razón, este sentimiento puede desaparecer o no.



## INSTRUCCIÓN

Piensa en los pensamientos o sentimientos intrusivos que te provoca el Sr. T. Escríbelos en la primera columna. ¿Qué buenas respuestas sarcásticas podrías darle? Escríbelas en la segunda columna.

| **Cuando tengo este pensamiento intrusivo:** | **Puedo decirle esto al Sr. T:** |
| --- | --- |
| | |
| | |
| | |
| | |
| | |
| | |
| | |
| | |
| | |
| | |
| | |

# IGNORAR LA CHÁCHARA DEL SR. T

Un último movimiento defensivo es el poder de aceptar los pensamientos del TOC sin adoptar ninguna medida. A medida que juegues al Juego del TOC, puede que llegues a manejar tan bien el malestar que te produce el TOC que no necesites responder en absoluto al Sr. T.

¿Cómo sería esto? Como una nube que te pasa por el cielo...

## INSTRUCCIONES:

Rellena las casillas del siguiente cómic. En el recuadro 1, dibújate haciendo algo que te encante hacer. En el recuadro 2, dibújate advirtiendo un pensamiento del TOC. Rellena la nube. En el recuadro 3, dibújate a ti mismo mientras continúas haciendo la actividad que te encanta.

# PRÁCTICA DE LA VIDA REAL

¡Pruébalo de verdad! Elige un pensamiento del TOC una vez al día y no hagas nada más que advertirlo a medida que se aleja cada vez más de tu conciencia. Vuelve y comparte aquí tus observaciones. ¿Qué sentiste al dejar que los pensamientos pasaran de forma natural? ¿Qué has advertido?

........................................................................................

........................................................................................

........................................................................................

........................................................................................

........................................................................................

........................................................................................

........................................................................................

........................................................................................

........................................................................................

........................................................................................

## HABLEMOS DE CIENCIA

No es el malestar o la preocupación lo que hace crecer las vías neuronales del TOC. Son las compulsiones que haces para dejar de sentirte ansioso o incómodo las que hacen crecer el TOC. Cuando te limitas a advertir esos pensamientos y sentimientos molestos y no haces nada para que desaparezcan, acaban desapareciendo por sí solos sin que dispares las vías neuronales que hacen crecer tu TOC.

# HOJA DE RUTA HACIA EL ÉXITO

Ahora que ya dispones de todos los movimientos *ninja*, vamos a idear un plan de ataque. Son las **compulsiones** las que alimentan al Sr. T, no los pensamientos perturbadores. Si puedes aprender a dejar de hacer las compulsiones, el Sr. T se volverá más pequeño. El hecho de ver todas las compulsiones que estás haciendo actualmente para hacer crecer al Sr. T puede resultarte de ayuda.

**CONSEJO EXTRA**

Mientras te esfuerzas por librarte de las compulsiones, ¡puede que descubras que algunas desaparecen por sí solas! Eso son buenas noticias. No olvides tachar también esas otras compulsiones de tu lista.

## INSTRUCCIONES

Haz una lista de todas las compulsiones que haces a causa del TOC. ¡No olvides que la evitación, la tranquilización y actividades mentales como debatir, contar y otras acciones mentales también son compulsiones! Una vez tengas esta lista, intenta no añadir nuevas compulsiones; ahora bien, si se te cuela alguna, añádela. El Sr. T es astuto, y cuanto más te esfuerces tú, más se esforzará él.

Usa el Juego del TOC y tus niveles *ninja* para reducir y, en última instancia, deshacerte de las compulsiones. Cuando te deshagas de una compulsión, vuelve a esta lista y táchala. ¡Te sentirás muy bien al ver todas esas compulsiones tachadas!

## LISTA DE COMPULSIONES

## PRÁCTICA DE LA VIDA REAL

Si no quieres olvidarte de esta lista, cópiala y cuélgala en algún lugar donde puedas verla cada día.

# SECCIÓN CUATRO
# ATAQUE

## CÓMO MOLESTAR AL TOC

**A**hora ya sabes cómo se presenta el Sr. T y cómo consigue que lo alimentes. También has desarrollado grandes movimientos *ninja* para jugar al Juego del TOC y defenderte cuando el Sr. T llama a tu puerta. Aprender y practicar la **defensa** es una forma poderosa de aplastar al Sr. T y de hacerlo más pequeño. Pero ahora, añadir el **ataque** será la guinda del pastel. El ataque y la defensa unidos aplastarán al Sr. T más rápido que uno u otro por separado.

El ataque es cuando haces **tu movimiento**. No respondes a **su** jugada de ajedrez. No atajas **su** intento de marcar un gol. Estás haciendo tu propia jugada. ¡Estás intentando marcar tu propio gol!

En esta sección te enseñaré un ataque en el que molestas a propósito al Sr. T a fin de desarrollar tus músculos del TOC. Es como ir a un gimnasio del TOC y levantar pesas. Molestas al Sr. T y luego te resistes a alimentarlo con compulsiones. Esto te hará más fuerte.

# ¿Qué es la EPR?

EPR es un término terapéutico sofisticado que significa exposición con prevención de respuesta. Significa que haces a propósito algo que al Sr. T no le gusta (y que denominamos exposición) y luego te resistes a alimentarlo (y que denominamos prevención de respuesta). Se llama prevención de respuesta porque estás previniendo la respuesta que el Sr. T quiere que hagas. Al hacerlo, ¡consigues que se vuelva más pequeño!

La EPR puede fortalecer los músculos del TOC para que puedas manejar mejor el TOC cuando el Sr. T te lance esos pensamientos y sentimientos perturbadores. Cuando creamos una exposición, queremos preguntarnos dos cosas:

- ¿Qué pensamientos o sentimientos me lanza el Sr. T?
- ¿Qué quiere el Sr. T que haga cuando me lanza esos pensamientos?

## INSTRUCCIONES

Escribe en la primera columna un pensamiento/sentimiento intrusivo que te dé el Sr. T. En la segunda columna, escribe lo que el Sr. T quiere que hagas cuando te da ese pensamiento o sentimiento. Esa es tu compulsión.

| El Sr. T me dice: | El Sr. T quiere que yo...: |
|---|---|
| *Ejemplo: Eres una mala persona porque...* | *Le pregunte a mi madre si es cierto.* |
| *Ejemplo: ¿Estás seguro de que está bien?* | *Lo arregle hasta que quede bien.* |
| | |
| | |
| | |
| | |

# LOS ingredientes de una exposición

Crear una exposición es como hacer una receta. Queremos asegurarnos de que tienes todos los ingredientes de la exposición. El primer paso es pensar en el tema en el que quieres concentrarte en primer lugar. Al hacer exposiciones, puedes centrarte en uno o dos temas a la vez. Puedes cambiar de tema en cualquier momento, sobre todo si el Sr. T cambia de táctica y te molesta con algo nuevo. Lo más importante es que siempre tengas un objetivo.

Así que, para empezar, piensa primero en qué quieres trabajar. Esto depende de ti. Cualquier ejercicio de levantamiento de pesas te ayudará a desarrollar tus músculos para así aplastar al Sr. T.

## INSTRUCCIONES

Utiliza las siguientes preguntas para decidir en qué tema del TOC quieres trabajar primero.

¿Qué te quita el Sr. T de ti o de tu vida y quieres recuperar? (Ejemplo: tiempo, actividades, objetos que te gustan. Consulta la Actividad 10 en caso de necesitar ayuda)

........................................................................

........................................................................

**CONSEJO EXTRA**

A medida que avances, puedes cambiar los temas y las exposiciones que quieras hacer, así que no te preocupes demasiado por lo que elijas primero. Lo más importante es que vayas al gimnasio del TOC todos los días para desarrollar esos músculos del TOC.

¿Dónde te molesta más el Sr. T? (Ejemplo: En el colegio, cuando duermes, cuando te estás duchando, cuando vas al baño, etc.)

........................................................................

........................................................................

¿Qué pensamientos o sentimientos te da el Sr. T cuando estás en esos lugares?

........................................................................

........................................................................

¿Con qué tema del TOC está más relacionado? (Piensa en la Actividad 4)

Teniendo en cuenta tus respuestas anteriores, ¿qué estás más dispuesto a abordar primero?

Quiero trabajar en este tema del TOC:

Mi miedo o malestar central en torno a este tema es:

Estas son las compulsiones que hago en torno a este tema del TOC (no olvides las cosas que evitas o las actividades mentales que haces en tu cabeza):

# ¿Qué pensamientos hay en tu tema del TOC?

Cada tema del TOC viene acompañado de un montón de pensamientos o sentimientos intrusivos. Queremos ver qué te está lanzando el Sr. T para saber qué ingredientes debes usar en tus exposiciones.

He aquí algunos ejemplos de un tema del TOC y algunos de los pensamientos que el Sr. T usa en torno a esos temas.

**1.** Las cosas de mi casa tienen gérmenes. Las cosas del colegio están repletas de gérmenes. Si toco gérmenes, puedo ponerme enfermo.

**2.** ¿Y si miento? ¿Y si he hecho trampas? Si soy malo, no le gustaré a nadie.

**3.** Si veo eso, sentiré asco. Si toco eso, sentiré asco. Si siento asco, no podré soportar la incomodidad.

# INSTRUCCIONES

Escribe uno o dos temas del TOC que hayas elegido en la última actividad. Rellena el bol con los pensamientos que el Sr. T te lance en torno a ese tema.

# Desarrollar un menú de exposiciones

Ahora que sabes en qué quieres centrarte, podemos crear un menú de ideas de exposición. Las exposiciones son ejercicios que desencadenan a propósito al Sr. T. La diferencia entre una exposición y un nivel 4 de *ninja* —hacer lo contrario— es que haces una exposición cuando el Sr. T **no** te está molestando. No respondes al Sr. T —sino que lo despiertas y **lo** molestas primero—.

A continuación encontrarás algunos ejemplos de exposiciones basadas en temas. Algunos de ellos pueden parecer aterradores (sobre todo si tienes uno de los temas de los ejemplos). Recuerda que únicamente se trata de ejemplos.

Puedes empezar con exposiciones tan grandes o tan pequeñas como quieras. Puedes hacer una exposición enorme y valiente un día y hacer una más pequeña al día siguiente. Está bien mezclar y combinar el nivel de dificultad de cada exposición. Lo más importante es que hagas una exposición cada día. Cuando ejercitas tus músculos del TOC todos los días, te vuelves cada vez más fuerte.

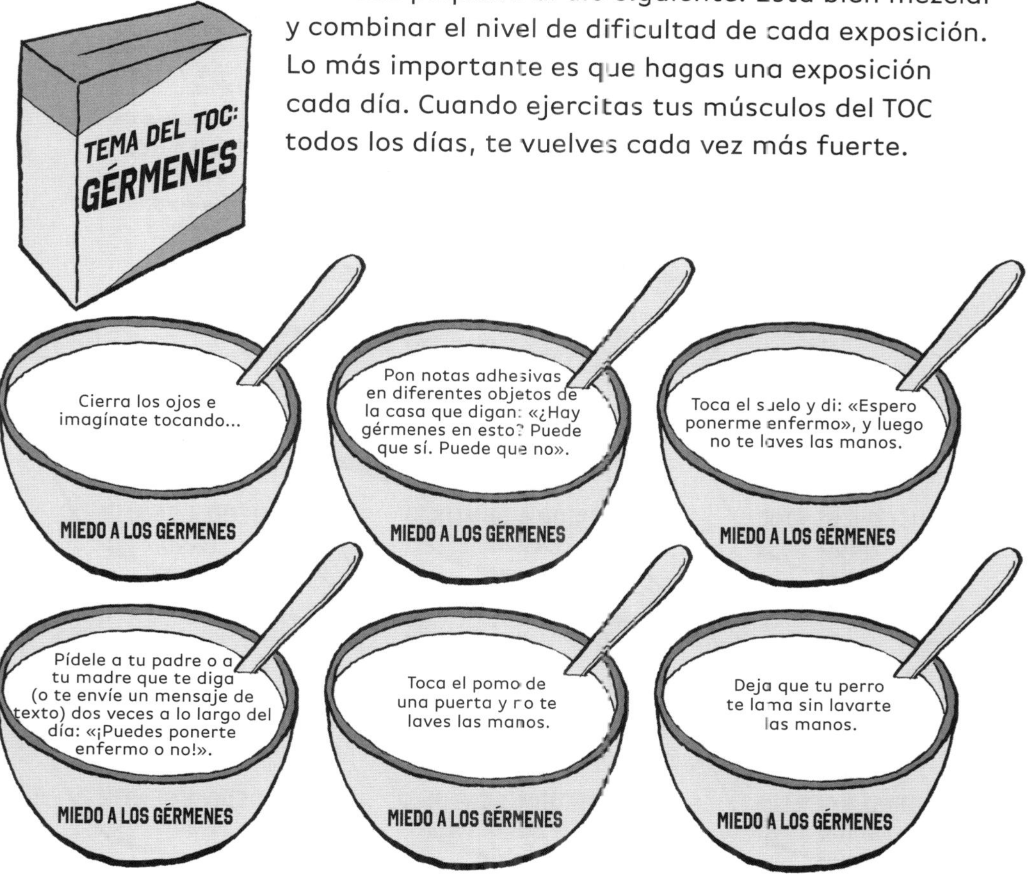

APLASTAR EL TOC. CUADERNO DE TRABAJO PARA NIÑOS

# INSTRUCCIONES

Rellena la caja y los cuencos que aparecen
a continuación con tu(s) propio(s) tema(s)
del TOC e ideas de exposición. Recuerda que
pueden ser una combinación de pequeñas y
grandes exposiciones.

# RECUERDA, NO ALIMENTES AL SR. T

¡Hacer las exposiciones que has enumerado en la última actividad será fantástico! Pero si alimentas al Sr. T durante una exposición o después de esta, pierde todo su poder. Recuerda que la EPR consiste en hacer una **exposición** asegurándote de hacer una **prevención de respuesta**. Eso significa no hacer nada para salir del malestar que pueda causar la exposición durante o después de ella.

Estas son solo algunas formas en las que el Sr. T intentará que deshagas todo tu duro trabajo.

¡Pero eres demasiado inteligente para dejar que el Sr. T arruine tu progreso!

## INSTRUCCIONES

Anota todas las cosas que el Sr. T podría hacer para arruinar tu exposición. Si sabes qué movimientos furtivos intentará, ¡será menos probable que caigas en sus trampas!

**Al hacer una exposición no haré esto:**

........................................................

........................................................

........................................................

........................................................

........................................................

# ¿Qué hay en el menú?

Ahora que sabes lo que implica una exposición y en qué áreas quieres centrarte, ¡elaboremos un menú que usarás todos los días!

## INSTRUCCIONES

¿Qué se cuece? Escribe una idea de exposición en cada plato. Se trata de exposiciones que actualmente estás dispuesto a hacer. Planifica varias exposiciones, de la más difícil a la más fácil.

# PON ALGO DE DIVERSIÓN
## GANA PREMIOS A LA VALENTÍA

Nos falta un ingrediente clave: ¡la guinda del pastel! ¿Qué gracia tiene hacer cosas difíciles sin que haya premios? Hacer exposiciones puede ser divertido, ¡sobre todo cuando ganas cosas por hacerlas! Cuando hagas una exposición, pide a tus padres o a tus cuidadores que te digan cuántos puntos obtendrás. ¡Canjea tus puntos de valentía por recompensas divertidas!

## INSTRUCCIONES

Siéntate con tu padre, con tu madre o con tu cuidador, ¡y llenad vuestra Tienda de Valentía!

## PRÁCTICA DE LA VIDA REAL

¡Haz que ganar puntos de valentía sea más fácil y cómodo convirtiendo una *app* de tareas en una *app* de recompensas EPR!

**CONSEJO EXTRA**

No hagas que todos los premios sean demasiado difíciles. Al principio, el hecho de ganar premios con cierta facilidad puede resultar de ayuda. Además, no tiene por qué tratarse de un objeto. Puede ser un privilegio o una experiencia. Recuerda, ¡debe ser algo que te motive ganar!



**Ítem/privilegio:**

**# de puntos de valentía:**

# ¡HaGÁMOSLO!

Ahora que ya sabes cómo crear una exposición y cómo no dejar que el Sr. T la estropee, ¡empecemos! Estos son los pasos que hay que seguir para hacer una exposición.

Cada día:

1. Elige una idea del menú que has creado.
2. Discute con tu cuidador sobre el número de puntos de valentía que ganarás.
3. Recuérdate a qué compulsiones te resistirás durante la exposición y después de esta.
4. ¡Felicítate por intentar algo valiente!

## INSTRUCCIONES

¡Lleva un registro de las exposiciones que haces cada día! Esto te ayudará a ver tus progresos a lo largo del tiempo.

## PRÁCTICA DE LA VIDA REAL

Facilita el seguimiento haciendo una hoja que puedas colgar o tener cerca.

| Fecha: | Tema del TOC: | Exposición: | Puntos de valentía: |
|---|---|---|---|
| | | | |
| | | | |
| | | | |
| | | | |
| | | | |

# EViTa LOS moVimienTOS FURTiVOS DeL SR. T

¡El Sr. T no se quedará de brazos cruzados ni dejará que le reduzcas! Hará sus propios movimientos furtivos para sabotear tu éxito.

He aquí algunas formas en que el Sr. T puede intentar destruir tus esfuerzos:

- Decirte que es demasiado difícil.
- Hacerte hacer un montón de compulsiones ese mismo día.
- Decirte que vas a empeorar tus problemas.
- Hacer que encuentres formas furtivas de escapar de las exposiciones.
- Hacer que crees exposiciones que no molesten al Sr. T.

## INSTRUCCIONES

Escribe algunas formas en las que crees que el Sr. T intentará arruinar tus exposiciones. ¿Cómo puedes frustrar sus movimientos furtivos?

| Movimientos furtivos del Sr. T: | Mis contramovimientos furtivos: |
| --- | --- |
| | |
| | |
| | |
| | |

# IDEAS DE EXPOSICIONES CREATIVAS

Cuando hagas exposiciones, ¡no olvides divertirte! Aprende a crear exposiciones creativas. Aquí tienes algunas ideas:

- Crea una canción que incluya palabras o temas de la exposición.
- Haz un vídeo creativo que incluya palabras o temas de la exposición.
- Haz una obra de teatro con temas desencadenantes y preséntasela a tu familia.
- Haz un titular de periódico con tu peor miedo (utiliza una aplicación que cree titulares falsos).
- Pon agua contaminada en una pistola de agua o en globos de agua.
- Juega a «Go fish» con cartas que hayas hecho y que tengan dibujos, palabras o frases desencadenantes.
- Juega a un juego de cartas de memoria, o *memory*, con cartas que hayas hecho y que contengan imágenes, palabras o frases desencadenantes.

Estas son solo algunas ideas creativas.

## INSTRUCCIONES

Piensa en algunas de las exposiciones que tenías escritas en tu menú. ¿Se te ocurren formas más divertidas y creativas de hacerlas? Escribe tus ideas a continuación.

# SUPERPOSICIÓN DE EXPOSICIONES

A medida que desarrolles tus músculos del TOC, estarás en condiciones de hacer exposiciones más difíciles e incluso más eficaces. Empieza con la exposición de la primera capa. Si te resulta demasiado sencillo, haz la primera y la segunda capa. Si te sigue resultando demasiado sencillo, añade una tercera capa. La última capa suele estar relacionada con el miedo central que impulsa tu tema del TOC.

Déjame que te muestre un ejemplo:

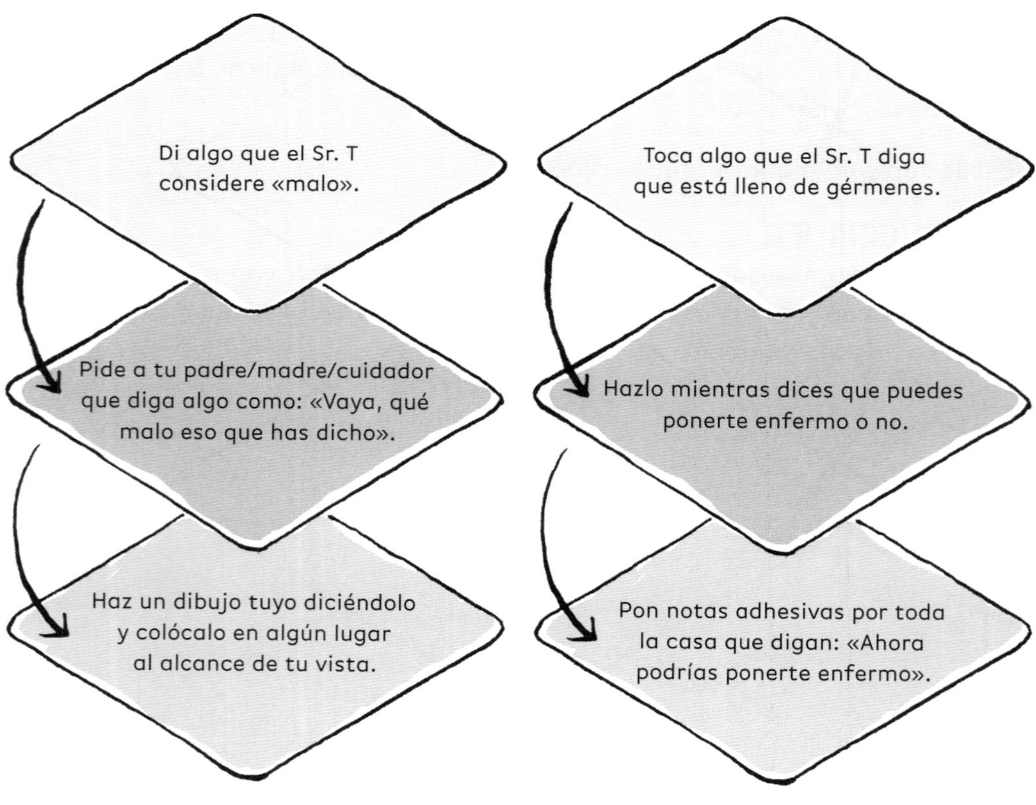

# INSTRUCCIONES

Ahora te toca a ti. Rellena las figuras vacías. Empieza con una exposición fácil y averigua cómo puedes ampliarla para hacerla más difícil.

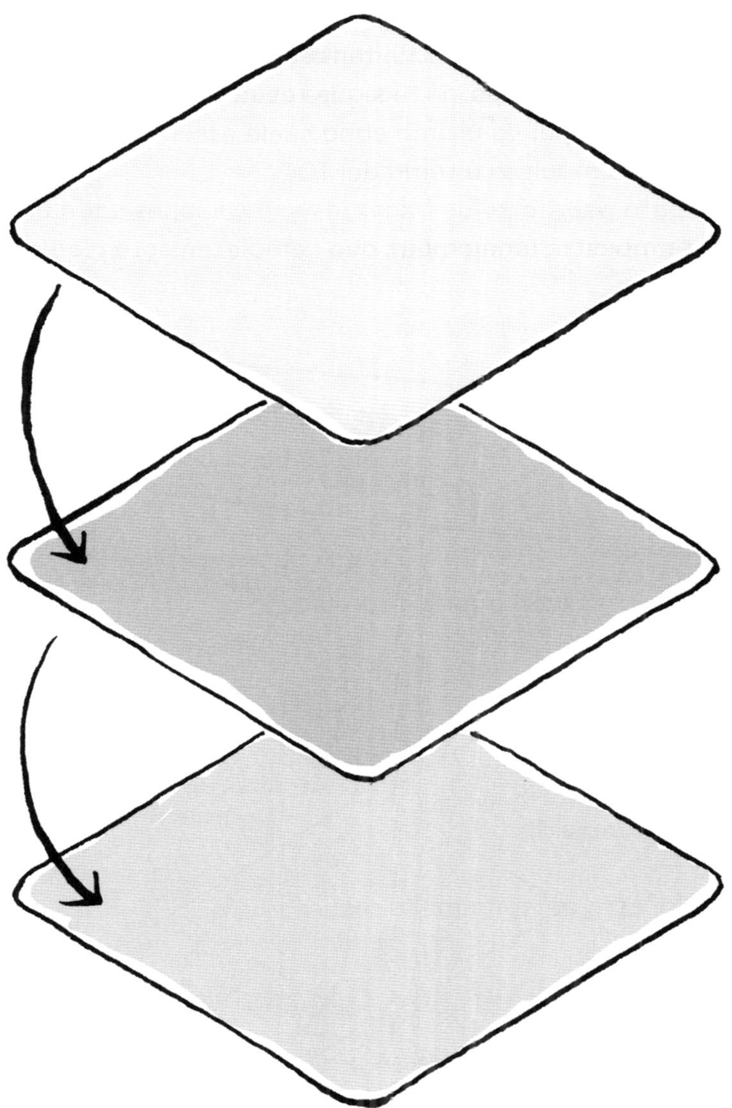

## PRÁCTICA DE LA VIDA REAL

Empieza a desarrollar tus músculos del TOC haciendo la primera capa de lo que hayas dibujado. En caso de que te resulte sencillo, añade la segunda capa. Por último, ¡añade la capa final!

# CONVERTIRLO EN UN HÁBITO

Hacer exposiciones es increíblemente poderoso, pero solo si te acuerdas de hacerlas. ¡Aplastar el TOC es tu trabajo! Tus padres y tus cuidadores pueden recordártelo, pero, en última instancia, el TOC está causando estragos en **tu** vida y tú eres el único que puede recuperar ese poder.

## INSTRUCCIONES

Idea un plan para acordarte de hacer las exposiciones cada día. En caso de involucrar a otras personas, haz que completen este plan contigo.

**Lista de tareas pendientes**

Haré exposiciones a esta hora cada día:

....................................................................................................

Para acordarme de ello, haré lo siguiente:

....................................................................................................

Si me olvido, esta persona me lo recordará:

....................................................................................................

Si no quiero hacerlo, me diré esto a mí mismo:

....................................................................................................

# SECCIÓN CINCO
# UNiR
## a OTROS a la causa

El Sr. T no quiere solo que tú le alimentes! También quiere que todos los que te rodean lo hagan. Por eso es importante comprender las diferentes artimañas que hará el TOC para alimentarse. Ya tratamos este tema en la Actividad 9, cuando hablamos de las acomodaciones. En esta sección, pondremos al descubierto todas las triquiñuelas que el Sr. T puede lanzarte y cómo elaborar un plan para pararle los pies.

# CÓMO CONSIGUE EL SR. T QUE OTROS LE ALIMENTEN

En la Actividad 9 hablamos de cómo se alimenta al Sr. T. Llamamos a esos comportamientos «acomodaciones» porque las personas que te rodean **acomodan** al Sr. T y le dan lo que quiere. El hecho de repasar las respuestas de la Actividad 9 antes de hacer esta actividad puede resultarte de ayuda.

¡Vamos a profundizar y a asegurarnos de que el Sr. T no se ve alimentado por los demás!

## INSTRUCCIONES

En la primera columna, escribe el nombre de la persona que realiza la acomodación. En la segunda columna, escribe lo que hace (aunque no sea consciente de ello) que alimenta tu TOC.

### CONSEJO EXTRA

Recuerda que una acomodación puede ser cualquier cosa que alguien haga por tu TOC. Puede ser:

- una pregunta que responde
- algo que tiene que decir o repetir
- una cosa, persona o situación que te ayuda a evitar
- una acción que tiene que realizar
- suministros que te proporciona (demasiado jabón, papel higiénico, toallitas, detergente para la ropa, etc.).

| Persona: | Acomodación que hace para alimentar a mi TOC: |
| --- | --- |
|  |  |
|  |  |
|  |  |

# HOJA DE RUTA DE LAS ACOMODACIONES

Detener las acomodaciones puede ser difícil, ¡pero no tienes que hacerlo todo de golpe! Recuerda que no puedes aplastar del todo al Sr. T si los demás siguen alimentándolo. Hagamos una hoja de ruta de las acomodaciones en las que quieres trabajar.

## INSTRUCCIONES

Haz una lista de las acomodaciones que hacen los demás y puntúalas en una escala del 1 al 10: 1 = no sería un problema para mí si los demás dejaran de hacer las acomodaciones; 10 = tendría muchos problemas si dejaran de hacerlas.

**CONSEJO EXTRA**

Sé todo lo preciso que puedas y haz una lista de todas las acomodaciones. ¡No tienes que trabajar en todas ellas a la vez!

| Persona(s) que hace(n) la acomodación: | Acomodación: | Puntuación: |
|---|---|---|
| | | |
| | | |
| | | |
| | | |
| | | |
| | | |

## PRÁCTICA DE LA VIDA REAL

¡Es probable que olvides algunas acomodaciones! Presta atención durante unos días al modo en que el Sr. T involucra a los demás. Cuando observes algo nuevo, vuelve y añádelo a esta lista. Cuanto más completo sea, ¡mejor!

# Eliminar las acomodaciones para aplastar al Sr. T

Ahora que tienes una lista de todas las acomodaciones que el Sr. T hace hacer a la gente, ¡vamos a elaborar un plan para detenerle!

## INSTRUCCIONES

Elige una acomodación de la lista de la Actividad 39 para trabajar en ella en primer lugar. Completa los siguientes campos.

Vamos a eliminar esta acomodación:

......................................................

......................................................

En vez de pedirle a esta persona esta acomodación, haré esto:

......................................................

......................................................

Si le pido a esta persona que haga esta acomodación, ella responderá del siguiente modo:

......................................................

......................................................

**CONSEJO EXTRA**

He aquí algunas respuestas útiles que tus seres queridos pueden decir si les pides que hagan o respondan a una acomodación:

- Siento que el Sr. T te moleste.
- Te quiero, así que no alimentaré al Sr. T.
- Parece que el Sr. T intenta hablar conmigo.
- Dile al Sr. T que te quiero y que no responderé a eso.

# TARJETAS DE TRANQUILIZACIÓN
UNA HERRAMIENTA ÚTIL

Una de las mayores acomodaciones es la tranquilización. La tranquilización tendrá un aspecto diferente dependiendo de tu tema.

Puedes pedir que la gente te tranquilice:

- si la comida está buena para comer
- si eres una buena persona
- si has hecho algo mal
- si algo está limpio
- si alguien ha tocado algo
- si algo es seguro
- si te pondrás enfermo
- si aceptan tus disculpas

¡Son solo algunos ejemplos! Puede ser cualquier cosa que el TOC exija que sepas. Las tranquilizaciones hacen que el Sr. T quiera cada vez más.

Hablemos de cómo puedes reducir las tranquilizaciones.

## INSTRUCCIONES

Recorta pequeños cuadrados que utilizarás a modo de tarjetas de tranquilización. Puedes fotocopiar o hacer tantas como necesites (ejemplos: «Voy a dar de comer al Sr. T», «El Sr. T quiere picar algo» o, simplemente: «Tarjeta tranquilizadora»). Escribe un mensaje tonto o motivador en cada tarjeta. Rellena los siguientes espacios en blanco cada día:

Hoy recibiré .......... tarjetas de tranquilización.

Si no utilizo todas mis tarjetas de tranquilización, ganaré: ................. .

Si pido que me tranquilicen después de usar todas mis tarjetas, mi ser querido no lo hará y responderá así:

.................................................................

...........................................................................

...........................................................................

...........................................................................

Aquí tienes un ejemplo de cómo puede ser tu tarjeta de tranquilización:

## PRÁCTICA DE LA VIDA REAL

¡Sé constante y haz esto todos los días! Elige un número menor de cartas cada día, al tiempo que desarrollas tus músculos del TOC para soportar la incomodidad. Antes de que te des cuenta, ¡ya no necesitarás que te tranquilicen tanto!

# Ve completando la lista

El objetivo es acabar eliminando todas las acomodaciones de tu lista. Las acomodaciones no son más que compulsiones que involucran a otras personas. La única forma de aplastar al Sr. T es deshacerse de todas las compulsiones, ¡incluidas aquellas en las que participan otras personas!

## INSTRUCCIONES

Coge la lista de acomodaciones de la Actividad 39 y escríbelas todas a continuación. Procura eliminar una acomodación cada vez utilizando la hoja de trabajo de la Actividad 40 para cada nueva acomodación en la que te centres. Vuelve a esta actividad y tacha la acomodación cuando la hayas eliminado por completo. No te olvides de hacer un baile alegre antes de pasar a la siguiente. Sigue así hasta que hayas tachado todos los ítems de la lista.

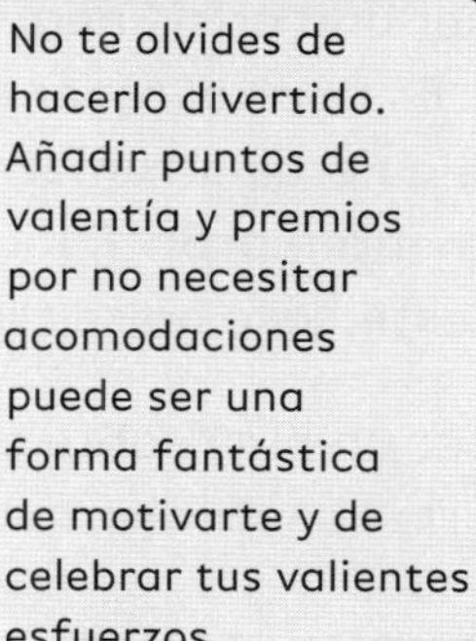

**CONSEJO EXTRA**

No te olvides de hacerlo divertido. Añadir puntos de valentía y premios por no necesitar acomodaciones puede ser una forma fantástica de motivarte y de celebrar tus valientes esfuerzos.

# EL SR. T TiENE UNA CRiSiS NERViOSA

Cuando el Sr. T no consigue lo que quiere, a veces puede tener una crisis nerviosa. Puede llenarte de miedo e ira. Es normal tener estas emociones fuertes. Puede que quieras arremeter contra todos y exigir que alimenten al Sr. T. Incluso puede que insistas en que en este caso no se trata del Sr. T.

Tener un plan sobre cómo quieres manejar estos fuertes sentimientos puede resultarte de ayuda.

## INSTRUCCIONES:

Rellena los espacios en blanco de abajo. Escribe tu plan en un papel que puedas colgar y ver fácilmente cuando estés enfadado.

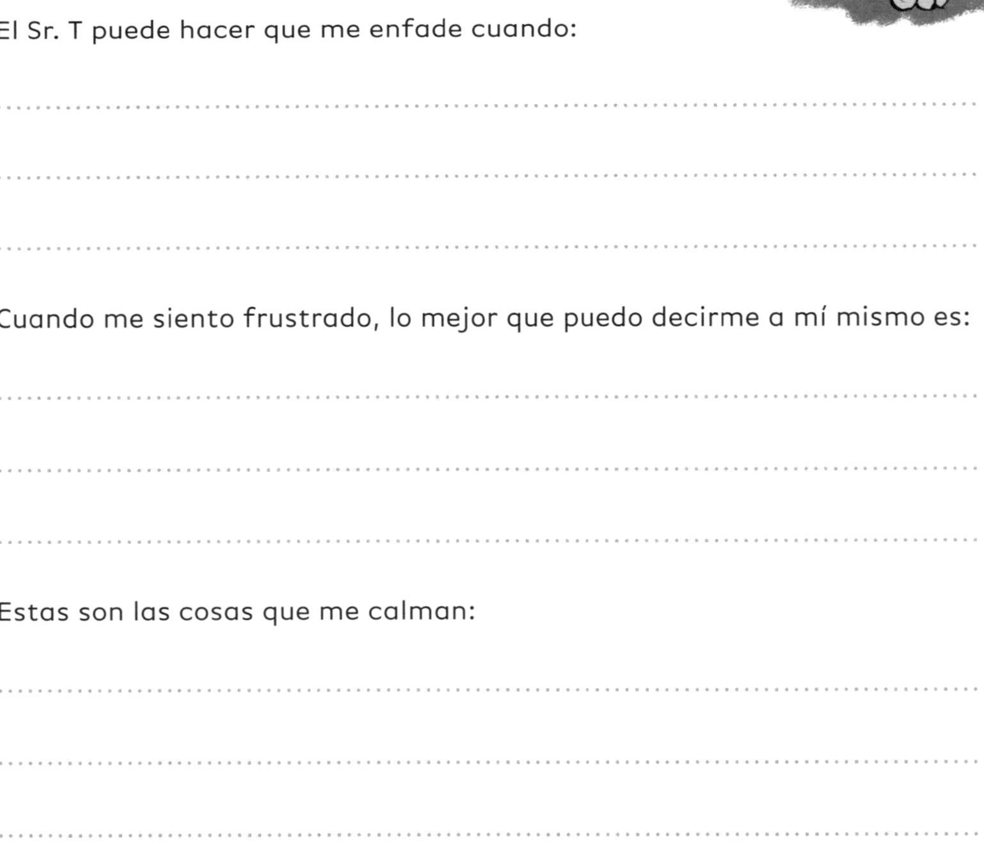


El Sr. T puede hacer que me enfade cuando:

..........................................................................

..........................................................................

..........................................................................

Cuando me siento frustrado, lo mejor que puedo decirme a mí mismo es:

..........................................................................

..........................................................................

..........................................................................

Estas son las cosas que me calman:

..........................................................................

..........................................................................

..........................................................................

Estas son las cosas que puedes hacer para calmarme:

......................................................................................................

......................................................................................................

......................................................................................................

# ¡Eres increíble!

Aplastar al Sr. T puede ser una batalla llena de altibajos. En esta sección vamos a hablar de cómo superar los baches, ¡sin olvidar lo increíble que eres!

# ¡CELEBRA TUS PEQUEÑAS VICTORIAS!

Encoger al Sr. T puede ser todo un reto a veces, y corres el riesgo de ser demasiado duro contigo mismo. Es importante recordar que a veces lo machacarás tú y a veces te machacará él a ti. Forma parte del proceso. Todas tus pequeñas victorias te llevarán a un gran éxito al final.

## INSTRUCCIONES

Crea un diario en el que celebres tus pequeñas victorias cada día. Haz una anotación cada día.

**CONSEJO EXTRA**

Siempre hay una victoria, incluso cuando estás pasando por dificultades. ¿Qué has hecho hoy que el Sr. T no querría que hicieras? ¿Qué acción valiente has emprendido? Recuerda que incluso los pasos más pequeños deben celebrarse. Si estás atascado, pregunta a los que te rodean qué han observado.

| Fecha: | Victoria del día: |
| --- | --- |
| | |
| | |
| | |
| | |

## PRÁCTICA DE LA VIDA REAL

¡Lleva esta celebración al siguiente nivel! Hazte con una pizarra y escribe en ella tus victorias cada día. Quizá tus seres queridos puedan añadir cosas que les llamen la atención. Colócala en un lugar donde puedas verla.

# SiGUe así

Encoger al Sr. T es un maratón, no un esprint. Requiere tiempo y fuerza. Habrá días en que tal vez te parezca demasiado difícil. Habrá momentos incluso en los que quieras rendirte y dejar que el Sr. T haga lo que quiera. Voy a darte algunas palabras de esperanza para esos momentos.

## INSTRUCCIONES

Haz un dibujo que te ayude cuando tengas ganas de rendirte. Añade palabras edificantes alrededor del dibujo que puedas leer cuando te sientas desanimado.

## PRÁCTICA DE LA VIDA REAL

Haz un vídeo que puedas ver cuando te sientas desanimado. ¿Qué querrías recordarte a ti mismo? ¿Cómo animarías a tu yo futuro? Guarda la grabación y mírala siempre que te sientas desanimado. Actualiza el vídeo de vez en cuando para mantenerlo al día.

# SOY...

Tener TOC puede ser duro, pero puede serlo aún más cuando te hace sentir mal contigo mismo. Algunos de los chicos más fuertes y valientes tienen TOC, y tú eres uno de ellos. ¡Haz una actividad para recordártelo!

He aquí algunos ejemplos:

- El Sr. T dice que soy malo. Pero, en realidad, soy una persona amable y atenta.
- El Sr. T dice que soy débil. Pero, en realidad, soy una persona fuerte y poderosa.

## INSTRUCCIONES

Rellena las casillas de abajo. Haz un dibujo de ti mismo con todos tus rasgos maravillosos en el marco.

| El Sr. T dice que soy: | Pero, en realidad, soy: |
|---|---|
| | |
| | |
| | |
| | |

# SECCIÓN SIETE
# MANTENER TU
# ÉXITO

Encoger al Sr. T no consiste en llegar a una línea de meta. Se trata de mantenerlo pequeño. Una vez hayas logrado aplastar con éxito tu TOC y hayas vuelto al Sr. T tan diminuto que apenas puedas oírlo, ¡querrás mantenerlo así! Esta última sección te dará herramientas importantes para continuar con tu duro trabajo.

# TE TENGO EN EL PUNTO DE MIRA, SR. T

Mantente siempre alerta a las nuevas formas en que el Sr. T intenta crecer de nuevo. El Sr. T estará esperando, buscando una oportunidad para crecer, pero la buena noticia es que todas las habilidades que has aprendido le encogerán fácilmente. Lo importante es que captes sus movimientos furtivos antes de que vuelva a crecer demasiado.

Hablemos de cómo hacerlo.

**CONSEJO EXTRA**

Es posible que el Sr. T intente colarte un tipo de tema totalmente nuevo que podrías pasar por alto. Si entiendes cómo funciona **todo** el TOC, no se te escaparán ni siquiera estos nuevos temas furtivos.

## INSTRUCCIONES:

Rellena los siguientes espacios en blanco. Dale la vuelta a la página para ver las respuestas correctas

**1.** El TOC empieza con un ....................................................... .

**2.** El Sr. T querrá entonces que yo ........................... o ........................... algo para obtener un poco de alivio.

**3.** Pero cuanto más ........................... o ........................... , más crece.

**4.** El TOC puede tratar sobre cualquier ....................................................... .

**5.** He aquí algunos temas del TOC (si te atascas, vuelve a la Actividad 4, donde hablamos de los temas):

1. Pensamiento o sentimiento
2. Haga o evite
3. Hago o evito
4. Tema
5. Moral, simetría, contaminación, «bien así», emetofobia (miedo a vomitar), daño, existencial, sensoriomotriz

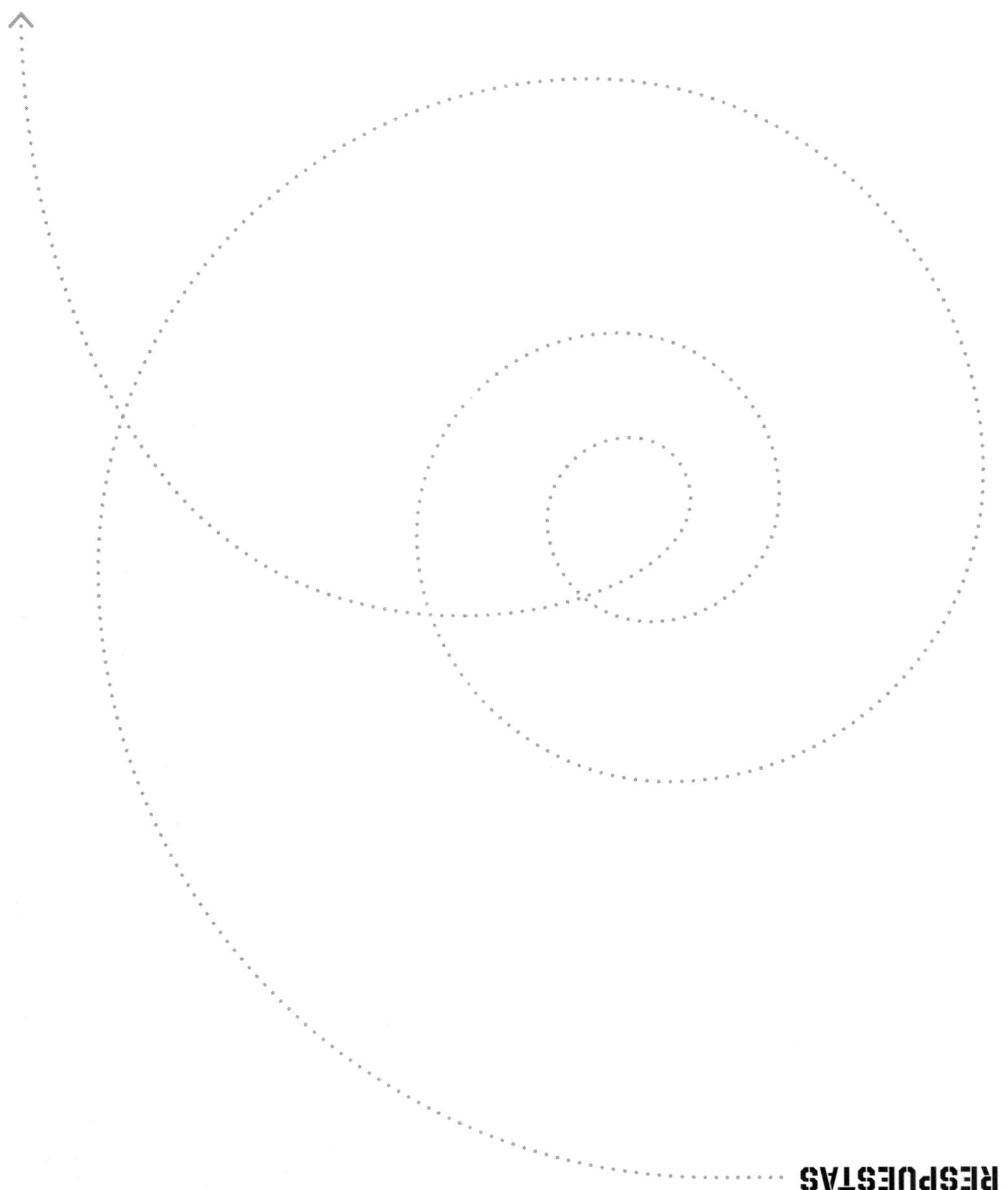

# RESPUESTAS

# Una exposición al día mantiene a raya el TOC

Es normal que dejes de hacer exposiciones cuando el Sr. T ya no te moleste. Sin embargo, es **muy** importante mantener fuertes los músculos del TOC. Incluso si las exposiciones no resultan estresantes o difíciles, es importante continuar haciendo un buen trabajo.

¡Elaboremos un plan para que no pierdas todo el progreso que estás haciendo!

**CONSEJO EXTRA**

No te olvides de cambiar constantemente las exposiciones. Si ves que aparece un nuevo tema del TOC, cambia tus exposiciones para aplastar el nuevo tema. Es normal tener que aplastar nuevos temas a medida que progresas.

## INSTRUCCIONES

Responde a las siguientes preguntas para crear un calendario a fin de continuar haciendo exposiciones. ¡No te preocupes si las exposiciones son superfáciles ahora!

¿Cuál es el tema del TOC que te resultó más fuerte y difícil?

.................................................................................

¿Qué pensamientos intrusivos tuviste en torno a ese tema?

.................................................................................

¿Qué compulsiones tuviste que hacer?

.................................................................................

¿Qué exposiciones creativas puedes hacer? Escribe cinco de ellas:

**1.** ...........................................................................

**2.** ...........................................................................

**3.** ...........................................................................

**4.** ...........................................................................

**5.** ...........................................................................

¿Cuándo harás una exposición?

.....................................................................................................

¿Qué ganarás por hacer una exposición? (Sí, divertirse y ganar puntos de valentía debe seguir formando parte del asunto).

.....................................................................................................

# NO CaiGas en estas trampas engañosas

El Sr. T no se rinde fácilmente. Puede encontrar formas de intentar sabotear tu progreso. Pero si conoces sus artimañas, ¡no caerás en ellas!

Estas son algunas de las que podría intentar:

- Hacer que mantengas en secreto cualquier nuevo pensamiento o sentimiento intrusivo.
- Hacerte creer que nunca has tenido un TOC.
- Hacerte creer que has acabado con el TOC y que no necesitas prestar atención a nuevos problemas que puedan surgir.
- Hacerte creer que el TOC te mantenía a salvo.

¡Esas son solo algunas!

## INSTRUCCIONES

Haz un dibujo de lo que el Sr. T podría decirte para sabotear tu progreso. Haz un dibujo de cómo reaccionarás cuando lo haga.

# ES HORA DE CELEBRAR

¡Enhorabuena! ¡Has hecho un trabajo increíble para llegar al final de este cuaderno de trabajo! Resulta de gran ayuda tomarse tiempo para celebrar todos tus éxitos, ¡y este es uno de ellos!

## INSTRUCCIONES

¿Cómo vas a celebrar todo el trabajo duro que has hecho en este libro para aplastar al Sr. T? El TOC es duro, y celebrar todas tus victorias es muy importante. Rellena los siguientes espacios en blanco.

He hecho cosas valientes al leer este libro, entre ellas:

.................................................................................

.................................................................................

.................................................................................

.................................................................................

Estoy orgulloso de mí mismo porque:

.....................................................................................................

.....................................................................................................

.....................................................................................................

.....................................................................................................

Así es como celebraré el duro trabajo que he realizado en este cuaderno
de trabajo:

.....................................................................................................

.....................................................................................................

.....................................................................................................

.....................................................................................................

# NOTAS

Colección: AMAE

ISBN: 978-84-330-3284-3

Páginas: 192

Encuadernación: Rústica con solapas

Formato: 15,5 x 21,5 cm

Edición: 1ª

## Lorraine M. Hobbs • Amy C. Balentine

### Cuaderno de trabajo de autocompasión para niños

Actividades divertidas de mindfulness para desarrollar
la fuerza emocional y convertir la amabilidad en tu superpoder

¿Sientes alguna vez que no eres lo suficientemente bueno en la escuela o en los deportes? ¿Luchas con grandes sentimientos como la ira, la tristeza, la preocupación o la ansiedad? ¿Te cuesta probar cosas nuevas o hacer amigos? Si es así, no estás solo. Ser niño a veces es duro. Sin embargo, hay habilidades que puedes aprender para aumentar tu confianza, afrontar tus emociones y manejar los retos que te plantea la vida. Este cuaderno de trabajo te mostrará el modo de hacerlo.

Ofrece actividades divertidas y atractivas que te ayudarán a ser amable contigo mismo y con los demás, a fortalecer tus «músculos» emocionales y a recuperarte de contratiempos grandes y pequeños. Encontrarás pequeñas prácticas para aliviar el estrés y manejar los sentimientos difíciles. Y, lo que es más importante, aprenderás a convertir la amabilidad en tu «superpoder», a acallar a tu matón interior y a ser un buen amigo de ti mismo.

Aquí encontrarás habilidades sencillas basadas en la autocompasión y la conciencia plena –herramientas de eficacia probada para ayudar a los niños a desarrollar resiliencia y equilibrar sus emociones–.

Este cuaderno de trabajo «solo para ti» incluye:

- Meditaciones para ayudarte a mantener la calma.
- Ejercicios para ayudarte a explorar tus sentimientos.
- Manualidades para que aprender sea divertido.
- Actividades de movimiento para ponerte en marcha.

Colección: AMAE

ISBN: 978-84-330-3270-6

Páginas: 242

Encuadernación: Rústica con solapas

Formato : 15,5 x 21,5 cm

Edición: 1ª

## Corinna Laurie

## Estrategias sensoriales y motoras

Formas prácticas de ayudar a los niños y jóvenes autistas a aprender
y a tener éxito

Si de verdad queremos eliminar las barreras al aprendizaje, necesitamos profesores
bien informados en las aulas. En este libro, Corinna equilibra las últimas investiga-
ciones sobre las dificultades de procesamiento sensorial con lecciones y estrategias
educativas específicas. Es una lectura obligada para cualquier profesional que trabaje en el campo de las necesidades educativas especiales.
Lea este libro y aprenda de una de las mejores.

Emma Sanderson, Outcomes First Group

En esta tercera edición totalmente revisada, Corinna Laurie expone estrategias prácticas para ayudar a los niños autistas a desarrollar sus habilidades sensoriales y motoras. Aprenda a identificar posibles retos, a reconocer los signos de sobrecarga y a
trabajar de forma coproductiva con su alumno o hijo, desarrollando estrategias de
regulación sensorial y mejorando las habilidades motoras para favorecer el bienestar.

Las actividades, sencillas y de bajo coste, ofrecen soluciones prácticas para ayudar a
los niños a hacer frente a las exigencias de cualquier situación, desarrollando habilidades que van desde la escritura a mano y el uso de tijeras hasta la mejora de la pos-
tura, la coordinación y la planificación motriz. Las estrategias sensoriales incluyen
técnicas tranquilizadoras y sencillas modificaciones del entorno para evitar el ago-
bio, entre otras muchas.

Se trata de un recurso esencial para cualquier persona que trabaje con niños autistas,
ya que ayuda a mejorar las capacidades funcionales y permite que los niños prospe-
ren y adquieran independencia.

$\mathcal{AMAE}$

Directora: LORETTA CORNEJO PAROLINI

ÚLTIMOS TÍTULOS PUBLICADOS

**Cómo ayudar a los niños a dormir: técnica del acompañamiento. Una nueva manera de enseñar a dormir sin sufrir**, por Sonia Esquinas

**Es que soy adolescente ... y nadie me comprende**, por Pilar Guembe y Carlos Goñi  (2ª ed.)

**El nuevo ideal del amor en adolescentes digitales. El control obsesivo dentro y fuera del mundo digital**, por Nora Rodríguez

**Vincúla*te*. Relaciones reparadoras del vínculo en los niños adoptados y acogidos**, por José Luis Gonzalo Marrodán  (3ª ed.)

**Érase una vez el perdón. Un itinerario hacia el perdón y la reconciliación en el counselling a través de los cuentos**, por Ana García-Castellano García  (2ª ed.)

**Porque os quiero a los dos. Pedagogía sistémica para padres y profesionales de la educación**, por Barbara Innecken

**Adolescencia: mitos y enigmas**, por Gerardo Castillo Ceballos

**Sal de tu mente y entra en tu vida para adolescentes. Una guía para vivir una vida extraordinaria**, por Joseph V. Ciarrochi, Louise Hayes, Ann Bailey  (2ª ed.)

**Trastornos de alimentación y autolesiones en la escuela. Estrategias de apoyo en el medio escolar**, por Pooky Knightsmith

**20 ideas básicas para ayudar a crecer a tus hijos. Cuaderno de notas**, por Chandra Atkinson

**Mírame, siénteme. Estrategias para la reparación del apego en niños mediante EMDR**, por Cristina Cortés Viniegra  (7ª ed.)

**Educar entre dos**, por Pilar Guembe y Carlos Goñi

**Educando la alegría**, por Pepa Horno Goicoechea  (2ª ed.)

**La armonía relacional. Aplicaciones de la caja de arena a la traumaterapia**, por José Luis Gonzalo Marrodán y Rafael Benito Moraga  (2ª ed.)

**La magia está en tu interior. Meditación para niños, guía para padres**, por Patricia Zubizarreta Canillas

**Conversando con Erik. Una mirada gestáltica y relacional en la terapia y educación con niños y adolescentes**, por Loretta Zaira Cornejo Parolini y Erik Baumann Cornejo

**El convivenciario. Cuentos con valor**, por Juan Lucas Onieva López

**La danza de las emociones familiares. Terapia Emocional Sistémica aplicada con niños, niñas y adolescentes**, por Mercedes Bermejo Boixareu  (2ª ed.)

**Adopción, trauma y juego. Manual para tratar a los niños adoptados y maltratados a través del juego**, por Montse Lapastora y Noelia Mata  (2ª ed.)

**Técnica de Reparentalización con Muñecos. Juanita y el despertar del Niño resiliente que todos llevamos dentro**, por Alicia Gadea

**El eneagrama infantil. Amar su cambio, apoyar su proceso, comprender su carácter**, por Luis Arribas de la Rubia  (2ª ed.)

**El juego de conocerse. Un método de desarrollo integral del niño**, por Marcela Çaldumbide, Ainhoa Uribe, Sara Veneros

**Cuentos con emoción**, por Eugenio Maqueda Cuenca, Juan Lucas Onieva López

**Cuentos para sanar y crecer felices. Autoestima y ansiedad**, por María Azucena Villén

**Musicoterapia. Abordaje de Salud mental infanto juvenil**, por Miguel Ángel Diví

**El daño que se hereda. Comprender y abordar la transmisión intergeneracional del trauma**, por Carlos Pitillas Salvá  (4ª ed.)

**Poniendo alma al dolor. Intervención terapéutica con niños, niñas y adolescentes víctimas de abuso sexual infantil,** Coordinación: Pepa Horno Goicoechea; y Elena González Hernández - Carolina Moñino Bermejo - Carmen Ruiz Hernández

**Psicología del bebé adoptado,** Montse Lapastora

**Última llamada en la frontera. Prevención de las conductas suicidas en adolescentes,** Francisco Javier Díaz Calderón

**La magia de los niños. Guía práctica para educar en la vida real,** Gemma Díaz Ruiz

**"Mamá, me he parado por dentro". Cómo cuidar el motor interior de tu hijo,** Marina Escalona del Olmo

**Hijos emperadores, padres que obedecen. Cómo manejar los límites en la crianza,** Bernardo Ramallo

**Infancia bien tratada, adolescencia bien encaminada,** Leticia Garcés  (2ª ed.)

**Cuaderno de trabajo de** *mindfulness* **para adolescentes. Habilidades poderosas para encontrar la calma, desarrollar la autocompasión y aumentar la resiliencia,** Patricia Rockman, MD, Allison McLay, DCS, M. Lee Freedman, MD

**Cerebros moldeando otros cerebros. Cómo las relaciones interpersonales guían la evolución del cerebro infantil adolescente desde el nacimiento,** Rafael Benito  (2ª ed.)

**La gestión de la ansiedad social en niños y adolescentes. Actividades prácticas para reducir el estrés y fortalecer la autoestima,** Sue Jennings

**Entre la fuerza y lo vulnerable. Acompañamiento a los hijos nacidos prematuros desde el parto a la adolescencia,** Pedro Valentín-Gamazo Valle

**Estrategias sensoriales y motoras. Formas prácticas de ayudar a los niños y jóvenes autistas a aprender y a tener éxito,** Corinna Laurie

**Los ancestros hablan. El transgeneracional, las Constelaciones Familiares y los muñecos en la sesión individual. Teoría y casos prácticos,** Isabel Jiménez Caballero - Ana María Román Leo

**Cuaderno del trabajo de la autocompasión para niños. Actividades divertidas de mindfulness para desarrollar la fuerza emocional y convertir la amabilidad en tu superpoder,** Lorraine M. Hobbs, MA • Amy C. Balentine, PhD

**Hijos: prevención de riesgos,** Javier Urra

**Aplastar el TOC. Cuaderno de trabajo para niños.** Natasha Daniels

**¿Cómo puedo salir de aquí?,** por Cristina Cortés Viniegra

**Los Abracadabrantes de Bojiganga y las emociones desbordadas,** por Mª José Lamas

**Psicopatología infantil,** por Georgia Ribes y Roberto Calvo

**Mi familia me hace feliz,** por Monse Lasconi

**Mirándome con amor,** por Noelia Mata, Montse Lapastora, Raquel Fariñas

**Cuéntame cuando sí anidé en una tripa y sí nací,** por Cristina Cortés Viniera, Lorea Larraya - June García

**El invernadero semillero,** Cristina Cortés Viniegra, Zuzene Seminario

**Esculpiendo palabras en la arena,** Cristina Cortés Viniegra, Zuzene Seminario